चीनी यात्री फाहियान
का
यात्रा विवरण

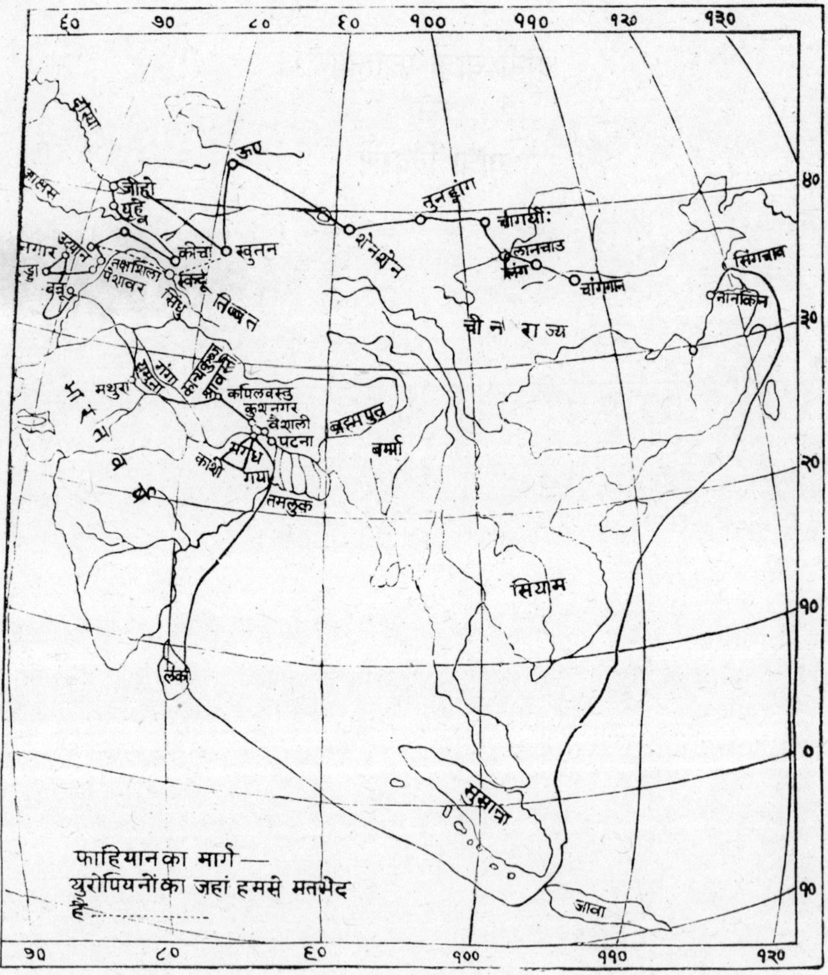

फाहियानका मार्ग—
युरोपियनोंका जहां हमसे मतभेद है..........
तुनह्वांग
खुतन
तक्षशिला
पेशावर
तिब्बत
चीन राज्य
मथुरा
कपिलवस्तु
कुशनगर
वैशाली
पटना
मगध
काशी
गया
तमलुक
ब्रह्मपुत्र
बर्म्मा
सियाम
लंका
सुमात्रा
जावा

चीनी यात्री फाहियान का यात्रा विवरण

अनुवाद

जगन्मोहन वर्म्मा

nbt.india
एकः सूते सकलम्

राष्ट्रीय पुस्तक न्यास, भारत
NATIONAL BOOK TRUST, INDIA

इस पुस्तक का पहला संस्करण सन् 1918 में काशी नागरी प्रचारिणी सभा द्वारा प्रकाशित किया गया।

पांडुलिपि दिनेश शर्मा के सौजन्य से प्राप्त

ISBN 978-81-237-1932-0

पहला संस्करण : 1997
तेरहवीं आवृत्ति : 2025 (*शक* 1946)
© राष्ट्रीय पुस्तक न्यास, भारत, 1996
Chini Yatri Fahiyan Ka Yatra Vivaran (*Hindi*)

₹ 110.00

निदेशक, राष्ट्रीय पुस्तक न्यास, भारत
नेहरू भवन, 5 इंस्टीट्यूशनल एरिया, फेज-II
वसंत कुंज, नई दिल्ली-110070 द्वारा प्रकाशित
www.nbtindia.gov.in

विषय सूची

भूमिका

पिछले छह वर्षों की बात है कि एक चीनी श्रमण जिसका नाम वाङ-हुई था, काशी में संस्कृत पढ़ने आया था। श्रद्धेय श्रीचंद्रमणि भिक्षु ने मेरे पास उसे संस्कृत पढ़ने के लिए भेजा। वह मेरे पास साल भर से अधिक रहा। उसे संस्कृत पढ़ाते हुए मैंने चीनी भाषा का अभ्यास करना प्रारंभ किया। पहले तो कुछ उच्चारण करके अभ्यास किया पर जब मैंने देखा कि चीनी भाषा में वर्णक्रम नहीं है, जिससे शब्दों का ठीक उच्चारण हो सके, किंतु प्रत्येक सत्व और भाव के लिए पृथक पृथक संकेत नियत हैं, तो मैंने उच्चारण को छोड़ दिया और संकेतों का ही अभ्यास करना प्रारंभ किया। इस प्रकार थोड़े समय में जितना अभ्यास कर सका मैंने संकेतों का अभ्यास किया।

चीनी भाषा यद्यपि हमारे पूर्वजों को सुगम रही हो क्योंकि हम देखते हैं कि भारतवर्ष के अनेक बौद्धाचार्यों ने जैसे आचार्य कश्यप मातंग, धर्मरक्षक, कुमार जीव, बुद्धभद्र इत्यादि ने भारतवर्ष से चीन देश में जाकर वहां की भाषा ही का ज्ञान नहीं प्राप्त किया था, किंतु अनेक धर्म ग्रंथों का अनुवाद भी वहां की भाषा में किया था जिनका मान अब तक वहां के भिक्षुसंघ में है; तो भी वह हमारे लिए एक अद्‌भुत भाषा है। वहां के शब्द प्रायः सब के सब एकाच हैं, पर लिपि से उनके उच्चारण का कुछ भी न तो संबंध ही है और न लिपि से उनके उच्चारण का ज्ञान ही हो सकता है। उनकी लिपि चैत्रिक है। प्रत्येक भाव और सत्व के लिए पृथक पृथक संकेत है। ये संकेत चित्रलिपि के विकारभूत हैं। एक ही भाव के लिए चाहे शब्द में भेद भले ही पड़े पर संकेत में भेद नहीं है।

इन कठिनाइयों पर भी मुझ से जहां तक हो सका मैंने अभ्यास किया और इच्छा थी कि यदि चीनी भाषा का कोई कोश मिल जाता तो और अभ्यास बढ़ा लेता। पर दुर्भाग्यवश कोई ऐसा कोश नहीं मिल सका।

जिस समय वाङ-हुई मेरे पास थे उस समय मैंने यह निश्चय किया था कि चीनी यात्रियों के यात्रा विवरणों का हिंदी भाषा में अनुवाद करूं और यदि कोई प्रकाशक मिले तो उनका अनुवाद अंग्रेजी में भी करूं। पर उस समय कोई प्रकाशक न मिला और मेरा यह निश्चय मेरे मन ही में रह गया। श्रमण वाङ-हुई भी मेरे पास से चले गए।

नागरीप्रचारिणी सभा ने श्रीयुक्त मुंशी देवीप्रसाद जी मुंसिफ जोधपुर की सहायता से ऐतिहासिक ग्रंथमाला निकालने का विचार किया और फाहियान का हिंदी अनुवाद प्रकाशित करने का निश्चय किया। इसके अनुवाद करने का भार मुझे दिया गया। दैवयोग से जो प्रति मुझे मिली उसमें लेगी का अनुवाद और अंत में मूल भी था। मूल को देख मेरा पूर्व संकल्प फिर जाग्रत हो आया और मैंने मूल को विचारना प्रारंभ किया। यद्यपि मैं अंग्रेजी का अनुवाद करता तो थोड़े काल में करके बोझा टाल देता पर मैंने मूल से ही अनुवाद करना उचित समझा। ऐसा करने में यद्यपि मुझे श्रम अधिक पड़ा तथापि इसमें और अंग्रेजी के अनुवाद में जो भेद है उसे वे ही पाठक अनुमान कर सकेंगे जिन्होंने अंग्रेजी के अनुवाद को वा तदाश्रित भाषानुवादों को देखा होगा।

इस अनुवाद में मैंने लेगी और बील के अंग्रेजी अनुवादों से तथा प्रो. समद्दार के बंगला अनुवाद से सहायता ली है जिसके लिए मैं उनका अनुगृहीत हूं।

इस अनुवाद में अंग्रेजी अनुवाद से बहुत अंतर देख पड़ेगा, क्योंकि मैंने अनुवाद को चीनी भाषा के मूल के अनुसार ही जहां तक हो सका है करने की चेष्टा की है। अनेक स्थलों पर विरोध का हेतु भी टिप्पणी में दे दिया है। इसमें संदेह नहीं कि यदि मैं यह अनुवाद उस समय करता जब श्रमण वांङ-हुई जी यहां उपस्थित थे तो इसमें मुझे बड़ी सुगमता होती और अनुवाद भी अच्छा होता। पर फिर भी मैंने अनुवाद को यथातथ्य करने में कुछ कमी नहीं की है। अनुवाद के प्रारंभ में एक उपक्रम है जिससे पाठकों को इसका अनुमान हो जाएगा कि फाहियान किस मार्ग से भारतवर्ष आया, उसमें यूरोपीय विद्वानों का क्या मत है और मेरे मत से वह क्या ठहरता है। अंत में अनुवाद में आए हुए उपयोगी शब्दों की अकारादि क्रम से एक सूची भी लगा दी है जिसमें बौद्ध धर्म संबंधी व्यक्तियों तथा अन्य शब्दों की पर्याप्त व्याख्या वा विवरण दे दिया गया है।

इतने पर भी यदि कुछ त्रुटि रह गई हो, तो पाठकों से प्रार्थना है कि वे उसकी सूचना मुझे देने की कृपा करें जिससे उसका सुधार दूसरे संस्करण में कर दूं।

शांतिकुटी
फाल्गुण शुक्ल पूर्णिमा
संवत् 1975

जगन्मोहन वर्म्मा

उपक्रम

ईसा के जन्म से कई शताब्दी पहले ही से चीन देश में भारत के धर्म, नीति, सभ्यता आदि की ख्याति फैल गई थी। यह ख्याति संभवतया पारसी वा यूनानी किसके द्वारा पहुंची इसका ठीक पता अब तक नहीं चला है। सू-मा-चेइन नामक लेखक ने सबसे पहले ईसा के जन्म से एक शताब्दी पूर्व अपने इतिहास में भारतवर्ष के वृत्तांतों का उल्लेख किया है। उस समय चीन देश में बौद्ध धर्म का अधिक प्रचार नहीं था। इसमें संदेह नहीं कि सम्राट अशोक ने बौद्ध धर्म के शिक्षकों को मध्य एशिया में धर्मप्रचारार्थ भेजा था और वे लोग प्रचार करने में बहुत कुछ सफलमनोरथ भी हुए थे।

बौद्ध धर्म की उदार नीति की चर्चा चीन देश में दिनों दिन फैलती गई और ईसा के जन्म से 67 वर्ष पीछे चीन के सम्राट मिंगटो[1] ने भारतवर्ष से बौद्ध शिक्षकों को बुलाने के लिए अपने दूत भेजे। दूत कश्यप मातंग और धर्मरक्षक नामक दो आचार्यों को उद्यान से अपने साथ चीन देश ले गए। इन्होंने बौद्ध धर्म के अनेक ग्रंथों का अनुवाद चीनी भाषा में कर वहां बौद्ध धर्म का प्रचार किया। बौद्ध धर्म के प्रचार से भारतवर्ष के साथ चीन देश का गुरु-शिष्य संबंध सुदृढ़ होता गया। बौद्ध धर्म के प्रचार के साथ साथ चीन में इस धर्म के अनेक भक्तों ने प्रव्रज्या ग्रहण की और चीन देश में भिक्षुसंघ का संगठन हो गया। तब से अनेक भिक्षु भारतवर्ष की ओर धर्मयात्रा के लिए आते रहे, पर पंजाब से आगे कोई नहीं बढ़ा और न किसी ने अपनी धर्मयात्रा का विवरण ही लिख छोड़ा जिससे कुछ उसकी यात्रा का पता चल सके।

ऐसे यात्रियों में जिन्होंने भारतवर्ष के भिन्न भिन्न नगरों और देशों में भ्रमण किया और जो अपना यात्रा विवरण लिखकर छोड़ गए हों, फाहियान सबसे पहला चीनी यात्री

1. चीनी ग्रंथों में लिखा है कि सम्राट मिंगटो ने 61 सन में स्वप्न देखा कि एक तप्त कांचनवर्ण पुरुष आकाश में उसके प्रासाद के ऊपर मंडरा रहा है। मंत्रियों से इस स्वप्न का फल पूछा तो सबने कहा कि पश्चिम में गोतम नामक एक देवता है, वही आपको दर्शन देने आया था। सम्राट ने एक पंडित और कई राजकर्मचारियों को उसके चित्र और उपदेश ग्रंथों के लिए भेजा। वे लोग भारत की ओर से कश्यप मातंग और धर्मरक्षक को लेकर चीन गए। वहां इन दोनों ने बौद्ध धर्म का प्रचार किया। सबसे पहले एक चौवंशी राजकुमार ने बौद्ध धर्म स्वीकार किया। मिंग ने उसके लिए एक संघाराम बनवा दिया और अनेक चित्र वहां स्थापित कर दिए। यह संघाराम 'माटेंग चौकलान' कहलाता है।

है। फाहियान का जन्म कब हुआ और कितनी अवस्था में उसने यात्रारंभ किया इसका पता ठीक नहीं चलता। कोई तो उसे पूर्वीय सीन-वंशी और कोई लुइ-वंश के सुंग घराने का बतलाता है,पर यह निश्चित है कि उसका जन्म उयंग में हुआ था। उयंग "पिंगयांग" प्रदेश में है और अब तक 'शान सी' के अंतर्गत है। उसका पहला नाम कुंग था। उसके जन्म के पूर्व उसके माता पिता की संतान जीती न थी। तीन लड़के आठ दस वर्ष की अवस्था में दूध के दांत टूटने के पहले ही मर चुके थे। उसके पिता ने 'कुंग' को जन्मते ही भिक्षुसंघ को, जीने के लिए, चढ़ा दिया था। 'सामनेर' बनाकर वह प्रेमवश उसे घर ही पर रखता था। दैवयोग से 'कुंग' कठिन रोगग्रस्त हो गया। पिता ने घबड़ाकर उसे विहार में कर दिया। वहां 'कुंग' अच्छा हो गया और जब पिता उसे घर लाने के लिए गया तो 'कुंग' घर न आया और विहार ही में रहने लगा।

'कुंग' की अवस्था दस वर्ष की थी जब उसके पिता का देहांत हो गया। अब उसकी विधवा माता रह गई। कुंग का चचा दौड़कर उसके पास विहार में गया और उसने बहुत चाहा कि वह विहार से घर आकर रहे और अपनी दुखिया माता का अवलंब बने, पर 'कुंग' घर न आया। 'कुंग' ने स्पष्ट कह दिया कि मैं अपने पिता की इच्छा से घर त्यागकर यहां नहीं आया हूं, वरन मैं स्वयं गृहस्थों के संसर्ग से अलग रहना चाहता हूं। यही कारण है कि मैं यहां आया; मुझे भिक्षु बनना रुचता है। बेचारे चचा को विवश उसकी बातं माननी पड़ी और विशेष आग्रह न कर वह अपने घर लौट गया। थोड़े दिनों बाद उसकी माता भी मर गई। यह समाचार सुन 'कुंग' अपने घर आया और उसे समाधि दे फिर विहार को लौट गया।

एक समय की बात है कि 'कुंग' 20 सामनेरों के साथ विहार के खेत[1] में धान काटता था। इसी बीच कुछ मर-भुक्खे चोर खेत में पहुंचे और बलपूर्वक काटे हुए धान को उठा ले चले। उन्हें देख सब सामनेर भाग निकले पर कुंग खेत में डटा रहा। वह कहने लगा "ले जाना ही चाहते हो तो जितना हो सके उठा ले जाओ। पर भाई पहले जन्म में दान न देने का तो यह फल है कि तुम इस जन्म में दरिद्र हुए। अब इस जन्म में तुम दूसरों की चोरी करते फिरते हो, भावी जन्म में इससे क्या दुःख पाओगे, मुझे तो यही सोचकर दुःख होता है।" यह कह कुंग खेत छोड़ अपने साथियों के साथ विहार में चला आया। उसकी बातों का चोरों पर इतना प्रभाव पड़ा कि खेत से सबके सब लौट गए और उन्होंने धान को हाथ से भी न छुआ। 'कुंग' के साहस को सुन विहार के सब भिक्षु उसकी प्रशंसा करने लगे !

---

1. जैसे भारतवर्ष में निहंगम साधुओं के मठ की जागीरें हैं, और वे कृषिकर्म करते हैं, वैसे ही चीन देश में भी विहारों और संघारामों में जागीरें लगी हुई हैं। विहार की ओर से खेती बाड़ी होती है।

'सामनेर' अवस्था समाप्त कर कुंग ने 'प्रव्रज्या' ग्रहण की। उस समय उसका नाम फाहियान पड़ा। चीनी भाषा में 'फ़ा' का अर्थ 'धर्म', 'विधि' और 'हियान' का अर्थ 'आचार्य', 'रक्षक' है। अतः फाहियान का अर्थ हमारी भाषा में 'धर्मगुरु' होता है। धार्मिक शिक्षा ग्रहण कर जब फाहियान पिटक ग्रंथों का अभ्यास करने लगा तो उसे जान पड़ा कि जो अंश इस देश में है वह अधूरा और क्रमभ्रष्ट है। उसे विनय पिटक की, जिसका विशेष संबंध श्रमणों के संघ से है, यह अवस्था देख बहुत दुख हुआ। उसने अपने मन में दृढ़ संकल्प किया कि जिस प्रकार हो सके विनय पिटक की पूरी प्रति भारतवर्ष से लाकर मैं उसका प्रचार इस देश के भिक्षुसंघ में करूंगा। वह इसी चिंता में था कि 'ह्वेकिंग', 'तावचिंग', 'ह्वेयिंग' और 'ह्वेवीई' नामक चार और भिक्षुओं से उसकी भेंट हुई। उस समय 'फाहियान', 'चांगगान' के विहार में रहता था। पांचों भिक्षुओं ने मिलकर यह निश्चय किया कि हम लोग साथ साथ भारतवर्ष की ओर तीर्थयात्रा को चलें और तीर्थों में भ्रमण करते हुए वहां के भिक्षुओं से त्रिपिटक के ग्रंथों की प्रतियां प्राप्त करें। यह सम्मति कर सन 400 में सबके सब 'चांगगान' से भारतवर्ष की यात्रा के लिए चले।

'चांगगान' से 'लुंग' प्रदेश होकर वे 'कीनक्कीई' प्रदेश में आए। यहां उन्होंने 'वर्षावास' किया। भारतवर्ष, बर्मा, स्याम और लंका के बौद्ध भिक्षु वर्षा ऋतु में एक ही स्थान पर हते हैं। चीन देश में वर्षावास पांचवें वा छठे महीने की कृष्ण प्रतिपदा से प्रारंभ होता है। वहां अमांत मास का व्यवहार होता है। वर्ष का आरंभ फाल्गुन शुक्ल प्रतिपदा से होता है। वर्षाकाल तीन मास का होता है। जो लोग वर्षावास पंचम मास की कृष्ण प्रतिपदा से करते हैं उनके वर्षावास की समाप्ति अष्टम मास की पूर्णिमा के दिन होती है और जिनके वर्षावास का आरंभ षष्ठ मास की कृष्ण प्रतिपदा से होता है उसकी समाप्ति वे नवम मास की पूर्णिमा को करते हैं। वर्षावास की विधि और कर्तव्य का विवरण आईसिंग के प्रथम अध्याय में दिया है।

'कीनक्कीई' से यात्री लोग साथ साथ 'लिंयग' होते हुए 'यांगलो' पर्वत पार कर 'चांगयीः' पहुंचे। 'चांगयीः' चीन की प्रसिद्ध दीवार के पास लांगचावा के कुछ उत्तर-पश्चिम की ओर है। उस समय यह नाका था। चीन देश का माल यहीं से होकर बाहर जाता था और पश्चिम का माल इसी से होकर भीतर आता था। उस समय वहां अशांति फैली हुई थी। देश में होकर जाना कठिन था। निदान यात्रियों को वहां कुछ काल के लिए ठहर जाना पड़ा। 'चांगयीः' के अधिपति ने यात्रियों की बड़ी आवभगत की। यहीं पर उन्हें 'चेयेन', 'ह्वेकीन', 'पावयुन', 'सांगशाओ' और 'सांगकिंग' नामक पांच और यात्री मिले। ये लोग भी भारतवर्ष की ओर तीर्थयात्रा के लिए जा रहे थे। वे भी रोक लिए गए। सबके सब वहां लगभग वर्ष भर ठहरे रहे और विप्लव के कारण आगे न बढ़ सके। यहीं पर सबको वर्षावास पड़ा और मिल जुलकर यहीं सबों ने वर्षा बिताई। जब देश में शांति स्थापित हो

गई तो वहां से वे साथ साथ 'तुनह्वांग' नगर में गए। 'तुनह्वांग' नगर चीनी दीवार के बाहर पश्चिम दिशा में पड़ता है। यहां कुछ दिन ठहरकर 'पावयुन' आदि को वहीं छोड़ फाहियान आदि जो पहले वहां पहुंचे थे गोबी मरुस्थल में चल पड़े। वहां के हाकिम वा शासक ने बड़ी कृपा कर उनकी यात्रा के लिए आवश्यक प्रबंध कर दिया। गोबी मरुस्थल में सत्रह दिन चलकर बड़ी कठिनाई से इन्होंने उसे पार किया। वे लगभग 1500 ली चले होंगे। फिर यात्री 'शेनशेन' जनपद में पहुंचे।

शेनशेन जनपद कहां था इसका ठीक पता अब तक नहीं चला है। 'फाहियान' ने इस देश के विषय में केवल इतना ही लिखा है कि "यह पहाड़ी प्रदेश है। भूमि यहां की पथरीली और बंजर है। साधारण अधिवासी मोटे वस्त्र पहनते हैं। राजा का धर्म हमारा ही है।" यूरोपीय विद्वानों का मत है कि इस देश की राजधानी लोब वा लोपनोर झील के किनारे थी। फाहियान आदि यहां एक मास के लगभग रहे, और 15 दिन उत्तर-पश्चिम चलकर ऊए देश में पहुंचे। ऊए में उस समय चार हजार से अधिक हीनयान के भिक्षु रहते थे। उनके आचार विचार कठिन थे। वहां कई विहार भी थे। ऊए का स्थान अब तक निश्चित नहीं हुआ है। वाटर साहेब का मत है कि "हम इसे 'खरशर' के पास मानें अथवा 'खरशर' और 'कुश्चा' के मध्य मानें तो अयुक्त नहीं होगा।" पर फाहियान ने उनतालीसवें पर्व में 'खरशर' के लिए जो संकेताक्षर प्रयुक्त किए हैं वे 'ऊए' से बिलकुल ही नहीं मिलते। अतः ऊए को 'खरशर' मानना तो किसी दशा में ठीक नहीं प्रतीत होता है। यह संभव है कि 'शेनशेन' और 'ऊए' दोनों जनपद अब गोबी की मरुभूमि में बालू के नीचे दब गए हों। इन्हीं जनपदों के नगरों और विहारों के कुछ खंडहरों का पता रूसी और अन्य यूरोपीय यात्रियों को मरुभूमि में मिला है जहां की खुदाई से अनेक खरोष्टी और ब्राह्मी आदि लिपियों में लिखी हुई अनेक प्राचीन पुस्तकों की प्रतियां उपलब्ध हुई हैं। पर जब फाहियान ने यह लिखा है कि हम ऊए से दक्षिण-पश्चिम चलकर खुतन में आए तो ऊए खुतन से उत्तर-पूर्व रहा होगा। ऊएवालों के अशिष्टाचार के विषय में फाहियान ने लिखा है कि "ऊए के अधिवासियों ने सुजनता और उदारता त्यागकर विदेशियों के साथ क्षुद्रता का व्यवहार किया।" इसे जब 'सांगइयान' और 'हुईसांग' के तुर्किस्तान के वर्णन से जिसे उन्होंने इन शब्दों में किया है कि "इस देश के अधिवासियों के आचार व्यवहार असभ्योचित हैं" मिलाया जाए तो यह कहना पड़ता है कि 'ऊए' कहीं तुर्किस्तान के किनारे तो नहीं था।

फाहियान आदि 'ऊए' के 'उद्देशिक' कुंगसन के यहां ठहरे। उसने उनका बड़ा सत्कार किया। वहां वे दो ढाई महीना रहे। 'पावयुन' आदि जिनका साथ तुनह्वांग नगर में छूट गया था यहां आ गए, पर इस देश के अधिवासियों के अशिष्टाचार और कुव्यवहार से दुखी हो 'चेयेन', 'ह्वेकीन' और 'ह्वेवीई' तो 'कावचांग' लौट गए और शेष फाहियान आदि 'फूकुगंसन' की कृपा से दक्षिण-पश्चिम की ओर चले। आगे के देश उन्हें निर्जन मिले और

राह में अनेक नदियों को उतरना पड़ा, भांति भांति के कष्ट उठाने पड़े। फाहियान ने लिखा है कि "ऐसे दुख किसी ने (कभी) न उठाए होंगे।" सब कठिनाइयों को झेलते झेलते 5 महीने में चलकर सब यात्री खुतन में पहुंच गए।

'खुतन' नगर 'खुतन' नामक नदी के किनारे है। वहां बौद्ध धर्म का उस समय अच्छा प्रचार था। अनेक विहार और संघाराम भी थे, अधिवासी बड़े धर्मभीरु थे, घर घर स्तूप थे, श्रमणों का बड़ा आदर था। फाहियान आदि वहां 'गोमती' नामक एक प्रसिद्ध विहार में ठहरे। 'ह्वेकिंग', 'तावचिंग', 'ह्विता' तो वहां से फाहियान आदि का साथ छोड़ कीचा (कैकय) देश की ओर चले गए। फाहियान आदि वहां भगवान की रथयात्रा देखने के लिए तीन महीने तक ठहर गए। रथयात्रा चतुर्थ मास की पहली तिथि से प्रारंभ हुई और चौदहवीं को समाप्त हुई।[1] रथयात्रा देख कर 'सांगशाओ' तो एक तातार के साथ 'कुफेन' देश को, जिसे अब काबुल कहते हैं, चला गया और फाहियान आदि 25 दिन चलकर 'जीहो' में आए। यात्रा में यह नहीं लिखा है कि खुतन से किस ओर चले, केवल इतना लिखा है कि 'फाहियान' आदि जीहो की ओर चले। मार्ग में 25 दिन चलकर उस जनपद में पहुंचे। इस जनपद का पता अब तक हमारे यूरोपीय विद्वानों को नहीं लगा है, कोई इसे 'यारकंद' और कोई इसे 'माशकुर्गल' बताते हैं। यहां का पता जो कुछ यात्रा विवरण से चल सकता है वह यह है कि फाहियान आदि यहां 15 दिन रहे, फिर जीहो से दक्षिण चार दिन चले और सुंगलिंग पर्वत पार कर 'यूव्हे' जनपद में पहुंचे। 'यूव्हे' का भी पता हमारे सुज्ञ विद्वानों को अब तक नहीं चला है। केवल वाटर साहब बहादुर ने इतनी अटकल लगाई है कि यह वर्तमान 'अकताश' होगा। सुंगलिंग पर्वत के विषय में इतना भी नहीं लिखा गया है कि इसका कुछ पता चला है वा नहीं ! लेगी साहब ने इतना और कर दिखाया है कि सुंगलिंग शब्द का अनुवाद पर्व के आदि में Onion mountains मोटे भव्य अक्षरों में छाप दिया है। अब विचारना यह है कि ये दोनों जनपद 'जीहो' और 'यूव्हे' कौन हैं और कहां हैं? क्या आज कल हम उनको निर्दिष्ट कर सकते हैं वा नहीं? पहले हमको यह देखना चाहिए

1. संभवतया फाहियान ने इस वर्ष अपना वर्षावास छठे महीने में प्रारंभ किया था। चौथे मास का शुक्ल पक्ष तो रथयात्रा में ही विगत हो गया था। यदि पंचम मास की कृष्ण प्रतिपदा से वर्षावास प्रारंभ करता तो केवल एक ही मास रह गया था। इस बीच में फाहियान आदि को खुतन से जीहो पहुंचने में 25 दिन लगे। जीहो में 15 दिन तक ठहरे फिर 4 दिन दक्षिण चलकर सुंगलिंग पर्वत मिला और उसे पार कर यूव्हे जनपद गए। इसमें फाहियान को 25+15+4=44 दिन लगे। अब यदि पंचम मास के मध्य कृष्ण प्रतिपदा से वर्षावास आरंभ करना चाहता तो उसे जीहो में वर्षावास पड़ता सो भी यदि वह ठीक चतुर्थ मास की कृष्ण प्रतिपंदा को खुतन से रवाना होता। पर इसमें संदेह नहीं कि वहां चौथे मास के द्वितीय पक्ष के भी अधिक दिन बीत गए थे और पंचम मास का मध्यकाल मार्ग में ही गत हो गया। निदान आपत्ति धर्म के अनुसार उसने अपना वर्षावास षष्ठ मास के मध्य से यूव्हे में आरंभ किया।

कि यात्रा विवरण से इन दोनों जनपदों का किस स्थान में होना संभव है। खुतन से यात्री लोग किधर चले फाहियान के यात्रा विवरण से कुछ भी पता नहीं चलता। इतना अवश्य कहा जा सकता है कि जीहो और खुतन के बीच के मार्ग को यात्रियों ने 25 दिन चलकर पार किया। यद्यपि इसका कुछ उल्लेख नहीं पर इतना अनुमान किया जा सकता है कि मार्ग सुखकर था। यह अनुमान ठीक भी है। अन्यथा कष्टकर होता वा मार्ग में पर्वत और नदियां अधिक पड़तीं तो इसका अवश्य कुछ उल्लेख होता। 'जीहो' और 'यूव्हे' जनपदों के मध्य सुंगलिंग पर्वत पड़ता था और दोनों जनपदों के मध्य केवल इतना अंतर था कि यात्री केवल चार दिनों में जीहो से सुंगलिंग पार कर यूव्हे में पहुंच गए। इतना ही नहीं, यह भी उसी के आधार पर निश्चित रूप से अनुमान किया जा सकता है कि 'यूव्हे जनपद' सुंगलिंग दक्षिण ओर पर्वत के मूल में पड़ता था। यूव्हे पर्वत के दक्षिण और जीहो पर्वत के उत्तर में थे। इतनी बात और भी ध्यान में रखने योग्य है कि फाहियान ने जनपदों का नाम जहां ठीक पता और नाम नहीं मालूम हो सका है प्रायः उन नदियों के नाम पर ही लिखा है जो उन जनपद में थीं। खुतन, कुफेन आदि इसके अनेक स्पष्ट उदाहरण हैं। फिर यह कहना अयुक्त न होगा कि 'जीहो' और 'यूव्हे' अवश्य ऐसी नदियां थीं जो उन जनपदों से होकर प्रवाहित थीं। सुंगलिंग पर्वत का ठीक ठीक पता आज तक नहीं लगा है और न कोई पर्वत मध्य एशिया का इस नाम से निर्दिष्ट होता है। इस पर्वत के नाम का जो अनुवाद लेगी साहब ने प्याज (Onion) किया है वह भी ध्यान देने योग्य है। पर्वत का नाम यात्रियों ने सुंगलिंग वा प्याज अवश्य किसी कारणवश ही रखा है और अधिक संभव है कि उसकी आकृति और वर्ण पर ही ध्यान देकर उन्होंने ऐसा नाम रखा होगा। सुंगलिंग पर्वत का उल्लेख इस पुस्तक में कई स्थान पर है। उनके देखने से यह प्रतीत होता है कि हिमालय, हिंदुकुश, कराकोरम और पामीर के लिए यह पद लाया गया है। ये पर्वत हिमाच्छन्न रहते हैं और ऊपर से देखने से प्याज से देख पड़ते हैं। अब यदि मध्य एशिया के नक्शे पर ध्यान देकर इस पहेली को विचारें कि वह कौन दो नदियां हैं जिनके बीच की भूमि प्याज के आकार की सफेद उभरी हुई हो अथवा जिनके मध्य कोई ऐसा पर्वत हो जो प्याज के समान उभरा हुआ अधिक ऊंचा नीचा न हो और दोनों नदियों के बीच अंतर भी इतना कम हो कि यात्री उसे पार कर झट उत्तर से दक्षिण पहुंच जाए, तो यह झट विचार में आता है कि वे दोनों नदियां 'दरिया' और 'आक्षस' हैं और उनके बीच की वह प्याज सी उभरी हुई भूमि पामीर[1] है जिसे यात्रियों ने अपनी यात्रा में हिमालय का विस्तार समझकर सुंगलिंग

---

1. यह पामीर हिमालय की पश्चिमी नोक है। इसीलिये 6 पर्व में हिमालय को भी सुंगलिंग ही लिखा है। हिमालय का प्रसार जरफसां तक माना जाता था और ऊंची भूमि जो थियनशान और कराकोरम के मध्य सीहून और जीहून के बीच में है हिमालय का ही विस्तार थी। पुराणों में थियनशान को मेरु लिखा है। चीनी भाषा में थियन स्वर्ग को कहते हैं।

लिखा है। इन दोनों नदियों के प्राचीन नामों पर ध्यान देने से इस अनुमान की और भी पुष्टि होती है। दरिया का प्राचीन नाम 'सीहून' और 'आक्षस' का नाम 'जीहून' है। इन दोनों के मध्य पामीर भी है और दोनों उत्तर और दक्षिण में पड़ती भी हैं। अधिक संभव जान पड़ता है कि फाहियान ने 'सीहून' को 'जीहो' और 'जीहून' को 'यूव्हे' लिखा हो। खुतन से सीहून नदी की ओर आने में मार्ग भी उतना दुष्कर नहीं है और न बीच में कोई बड़ी नदी वा पहाड़ है। उनके बीच का अंतर भी इतना ही है जिसे यात्रियों को 10, 12 दिन में चलकर तै करने में कोई विशेष अड़चन नहीं पड़ सकती। अवश्य यात्री खुतन से पश्चिम ओर चले थे और संभवतया समरकंद के आस पास ही से दक्षिण की ओर घूमे थे। वहीं कहीं सीहून नदी के किनारे वह नगर था जहां 15 दिन रहकर चार दिन दक्षिण चलकर पामीर पार कर वे जीहून के किनारे पहुंचे। सीहून प्रदेश को सुयेनच्वांग ने अपने यात्रा-विवरण के तीसरे अध्याय में शीहून लिखा है। अधिक संभव है कि चीनी भाषा में भी किसी ऐसे संकेत का प्रयोग हो जिसका उच्चारण शीहोन वा उससे कुछ मिलता जुलता हो। प्रदेशों का संकेत दो भिन्न भिन्न यात्रियों के विवरणों में प्रायः विभिन्न देखने में आया है। उनका उच्चारण भी उन लोगों के श्रवण में जैसा आया लिख दिया है। हमारे यूरोपीय सज्जनों ने भी दिल्ली को 'डेलही' और मथुरा को 'मुट्रा' कर डाला है। फिर एक विदेशी के लिए जिसने खुतन 'यूतान' लिखा सीहून को जीहो और जीहून को यूव्हे करने में क्या आश्चर्य! अतः यह बात सुनिश्चित जान पड़ती है कि 'जीहो' और 'यूव्हे' सीहून और जीहून के आसपास के प्रदेश थे और सुंगलिंग पर्वत पामीर ही था।

यूव्हे में यात्रियों को वर्षा पड़ी और वहीं उन्होंने वर्षावास किया। तीन मास वर्षा बिताकर वे कीचा गए। कीचा जाते हुए यात्रियों को पर्वत पर होकर जाना पड़ा। इतना तो उन लोगों के यात्रा-विवरण में है पर यह पता नहीं चलता कि यूव्हे से किस दिशा में वे गए, केवल इतना लिखा है कि "पहाड़ में 25 दिन चलकर 'कीचा जनपद' में पहुंचे।" कीचा का भी ठीक पता अब तक यूरोप के विद्वानों को नहीं चला है। कोई इसे काश्मीर, कोई लदाख, कोई खस, कोई कुछ अनुमान करता, कोई कुछ। तीसरे पर्व के इस वाक्य से कि "'व्हेकिंग', 'तावचांग' और 'व्हेता' पहले ही 'कीचा' जनपद की ओर चले गए" यह निश्चय होता है कि कीचा का प्रदेश चीनियों को ज्ञात था। वहां का मार्ग वे लोग जानते थे, इसी कारण 'व्हेकिंग' आदि बिना किसी अगुआ के झट कीचा की ओर चले गए। कीचा में बुद्धदेव का दांत और उनकी एक पीकदान भी थी। इसी के दर्शन के लिए यात्री आया करते थे। कीचा के प्रदेश को फाहियान ने "पहाड़ी और ठंडा" लिखा है और लिखा है कि वहां गेहूं के अतिरिक्त और अन्न नहीं होते। इससे भी प्रतीत होता है कि यह जनपद पर्वत के अंतर्गत था। यात्रियों को कीचा तक आने में 25 दिन लगे थे, अतः जीहो से कीचा तक का अंतर 250 मील से लेकर 500 मील तक हो सकता है, सो भी पर्वत से जहां चढ़ाव उतार हो।

फाहियान के खुतन से जीहो की ओर चले जाने से यह भी कहा जा सकता है कि वह कीचा होकर आना नहीं चाहता था। उसने समझा था कि भारतवर्ष कहीं खुतन से पश्चिम में होगा पर जब वह जीहो पहुंचा तो उसे मालूम हुआ होगा कि वह दक्षिण-पूर्व दिशा में है। निदान उन्हें पामीर उतर कर यूव्हे वा जीहून के किनारे आना पड़ा और वहां से पर्वतों में होकर वे 'कीचा' पहुंचे जो उन्हें ज्ञात था।

अब विचारणीय यह है कि कीचा कौन प्रदेश था। कीचा से यात्री पश्चिम दिशा में चले और 30 दिन तक पर्वत में चलकर 'तोलेः' में पहुंचे थे और वहां झूले से निकल कर सिंधु नद पार करते ही 'वूचंग' वा उद्यान प्रदेश में पहुंच गए थे। फिर उद्यान से दक्षिण ओर उतर कर, सुहोतो वा सुआत में आए थे। यद्यपि यात्रियों ने यह नहीं लिखा है कि उद्यान से कितने दिनों में वे सुआत पहुंचे तो भी उद्यान का सुआत के उत्तर होना पाया जाता है। आने में यात्रियों को अवश्य कुछ काल लगा होगा। उद्यान प्रदेश के पूर्व सिंधु नद पड़ता ही नहीं है। यदि सिंधु नद माना ही जाए तो उद्यान पहुंचते पहुंचते यात्रियों को एक बार और सिंधु नद चाहे वह 'स्कर्दो' के पास हो या कहीं और, अवश्य पार करना पड़ता, पर इसका उल्लेख यात्रा विवरण में कहीं देखने में नहीं आता। इसपर ध्यान देते हुए यह अनुमान किया जा सकता है कि यात्रियों ने किसी अन्य नदी को पार किया जो उद्यान के पूर्व मिली जिसे या तो भ्रमवश सिंधु नद लिख दिया है या उन चिह्नों का कुछ और अर्थ है।

यह अनुमान ठीक भी जंचता है। वाल्मीकीय रामायण के अयोध्याकांड सर्ग 71 में भरत जी को कैकय से अयोध्या आते निम्नलिखित जनपदादि उज्जिहान तक पड़े थे—

स प्राङ्मुखो राजगृहादभिनिर्याय वीर्यवान्
ततः सुदामां द्यु तिमान्संतीर्यावेक्ष्य तां नदीम्।।
ह्लादिनीं दूरपारां च प्रत्यक् स्रोतस्तरङ्गिणीम्
शतद्रुमतरच्छीमान्नदीमिक्ष्वाकुनन्दनः।।
ऐलधाने नदीं तीर्त्वा प्राप्य चापरपर्वतान्
शिलामाकुर्वतीं तीर्त्वा आगनेयं शल्यकर्षणम्।।
सत्यसंधः शुचिर्भूत्वा प्रेक्षमाणः शिलावहाम्
अभ्यागत्स महाशैलान्वनं चैत्ररथं प्रति।।
सरस्वतीं च गंगां च युग्मेन प्रतिपद्य च
उत्तरान्वीरमत्स्यानां भारुण्डं प्राविशद्वनम्।।
वेगिनीं च कुलिंगाख्यां ह्लादिनीं पर्वतावृताम्
यमुनां प्राप्य संतीर्णो बलमाश्वासयत्तदा।।
राजपुत्रो महारण्यमनभीक्ष्णोपसेवितम्

भद्रो भद्रेण यानेन मारुतः स्वमिवात्यगात्।।
भागीरथीं दुष्प्रतरां सोऽशुधाने महानदीम्
उपायाद्राघवस्तूर्णं प्राग्वटे विश्रुते पुरे।।
स गंगां प्राग्वटे तीर्त्वा समायात्कुटिकोष्टिकाम्
सबलस्तां स तीर्त्वाऽथ समगाद्धर्मवर्द्धनम्।।
तोरणं दक्षिणार्धेन जम्बूप्रस्थं समागमत्
वरूथं च ययौ रम्यं ग्रामं दशरथात्मजः।।
तत्र रम्ये वने वासं कृत्वा सौ प्राङ्मुखो ययौ
उद्यानमुज्जिहानायाः प्रियका यत्र पादपाः।।

यहां सरस्वती, गंगा, यमुना, भागीरथी और फिर गंगा से इन शतद्रु, गंगा, यमुना और सरस्वती के अतिरिक्त अन्य छोटी छोटी और तीक्षणप्रवहा पहाड़ी नदियों से अभिप्राय है जो सिंधु नद में कराकोरम, हिंदुकुशादि पर्वतों से निकलकर आ मिली हैं। यहां ऊए-निवासी सांगयुंग और हुईसांग के यात्रा विवरण से भी हम थोड़ा सा अंश उद्धृत करते हैं जिससे पाठकों को यह स्पष्ट हो जाएगा कि वाल्मीकिजी के विवरण का उससे कहां तक साम्य है। वे खुतन से सीधे उद्यान को आए थे। उनका कथन है कि "सन कोहाई के द्वितीय वर्ष के सातवें महीने की 29 वीं तिथि को हमलोग यारकिंग राज्य में पहुंचे। यहांवाले पर्वत पर रहते हैं। साग भाजी यहां खूब उत्पन्न होती हैं। वही सब लोग खाते हैं, उसे पीस कर आटा बनाकर रोटी पकाते हैं। वे लोग हिंसा नहीं करते। जो मछली खाते हैं वे मुर्दे पशुओं का मांस भी खाते हैं। इन लोगों की रीति नीति बोली बानी सब खुतन देशवालों की सी है पर लिपि उनकी ब्राह्मी है। यहां ये पांच दिन में पहुंचे।

"आठवें महीने के पहले सप्ताह में वे कबंध देश में आए और 6 दिन पश्चिम की ओर चल के 'सांगलिंग'[1] पर्वत पर चढ़े। फिर पश्चिम की ओर और 3 दिन चल के 'किउएउ' नगर में पहुंचे। वहां से तीन दिन चलकर 'पूहोई' पर्वत माला में पहुंचे। यह स्थान बड़ा ठंडा है। जाड़े गर्मी दोनों ऋतुओं में बर्फ से ढका रहता है। पर्वत पर एक हंद है। उसमें एक नाग रहता है। पूर्व काल में एक व्यापारी रात के समय इस हंद के किनारे पहुंचा। नाग उस समय कुपित था, इसलिये उसी समय उसने बनिये को मार डाला। 'प्यंटो' राज्य का राजा यह समाचार सुन अपने पुत्र को राजसिंहासन पर बैठा ब्राह्मणों से मंत्र की शिक्षा प्राप्त करने के लिए उद्यान जनपद में गया। वहां चार वर्ष रहकर और मंत्र के प्रयोगों को सीखकर वह अपने राज्य में आया और नाग पर अपने मंत्र का प्रयोग करने लगा। देखते देखते नाग मनुष्य का रूप धर के निकला और अपने पाप-कर्म पर पश्चाताप करता हुआ

1. संभव है कि मूल में 'सुंगलिंग' हो और अनुवादकों ने सांगलिंग कर दिया हो। मिलाओ पर्व 7 फाहियान

राजा के पास आया। राजा ने उसे उस हंद से निकाल कर सांगलिंग पर्वत पर भेज दिया। वर्तमान राजा उससे बारहवीं पीढ़ी में है।

"इस स्थान से पश्चिम ओर का मार्ग अत्यंत ऊंचा नीचा है। यह बहुत ही ऊबड़ खाबड़ और ऊंचे नीचे पर्वतों से परिपूर्ण है। इसके सामने मांगमेन पर्वत के मार्ग कुछ नहीं हैं। धीरे धीरे खिसककर हम लोग सांगलिंग पर्वतमाला पर चढ़े और चार दिन में पर्वत के शिखर पर पहुंचे। यहां से नीचे देखने से मालूम होता था कि हम लोग आकाश में लटके हुए हैं। 'हान पानरो' राज्य इस पर्वतमाला के शिखर तक है। यहां यह प्रवाद प्रचलित है कि यह स्थान स्वर्ग और पृथ्वी के बीचोंबीच ठहरा है। यहां के लोग खेत सींचने के लिए नदी के जल को काम में लाते हैं। यहां के लोगों से कहा जाए कि मध्यदेश में लोगों के खेतों में पानी बरसता है और उससे उनकी खेती पानी पाती है तो ये लोग हंसते हैं और कहते हैं "हुंः स्वर्ग में भला इतना पानी कहां है?"

"इस देश की राजधानी के उत्तर-पूर्व में एक वेगवती नदी है। सांगालग पर्वतमाला के ऊपर कोई वृक्ष वनस्पति नहीं उपजती है। इस महीने में ठंडी वायु बहती है और उत्तर सहस्र मील तक बर्फ गिरती है।

"नवें महीने के मध्य में हम लोग 'चीहो' प्रदेश में पहुंचे। इस स्थान के भी पर्वत ऊंचे हैं और वहां जाने में बड़ी कठिनाई पड़ती है। यहां के राजा ने एक नगर बसा रखा है। जब वह पर्वत पर आता है तो इसी नगर में रहता है। इस देश के लोग सुंदर कपड़े पहनते हैं और कभी कभी चमड़े का भी व्यवहार करते है। यहां बड़ा जाड़ा पड़ता है। इतनी कड़ी सर्दी पड़ती है कि लोग पर्वत की कंदराओं में छिपे पड़े रहते हैं और ठंडी हवा चलने के कारण मनुष्य वन्य पशुओं के साथ रहने पर बाध्य होते हैं। इस देश के दक्षिण हिमालय पर्वत पड़ता है। इस पर्वत से सायं प्रातः मोती के मुकुट के सदृश भाफ उठा करती है।

"दसवें महीने के पहले पाख में हम लोग 'ईखा' प्रदेश में पहुंचे। इस देश के खेतों में पहाड़ी नदियों से पानी पहुंचता है। सारी धरती उपजाऊ है। घर घर के द्वार द्वार पर एक एक नदी बहती है। यहां कोई ऐसा नगर नहीं जिसके किनारे प्राचीर हो, यहां शांतिरक्षा के निमित्त स्थायी सेना है। वह सदा एक स्थान से दूसरे स्थान पर चलती फिरती रहती है। यहां के लोग ऊन के कपड़े पहनते हैं। जिन प्रदेशों में नदियां हैं वहीं अन्न की अच्छी उपज होती है। ग्रीष्म ऋतु में अधिवासी लोग पर्वत के ऊपर चले जाते हैं और जाड़े में वहां से उतर कर अपने अपने गांवों में चले आते हैं। इनकी कोई लिपि नहीं है, सब असभ्य हैं। यह न तो ताराओं की गति जानते हैं और न इनके वर्ष में महीनों के दिन नियत हैं। सब महीने बराबर हैं, बारह भागों में वर्ष विभक्त है चारों ओर की सब जातियां इन्हें कर देती हैं। इस जनपद के दक्षिण 'तिलो' उत्तर 'लिलो' पूर्व 'खुतन' और पश्चिम 'पोसी' है। प्रायः चालीस जनपद के लोग इन्हें कर देते हैं। जब इन जनपदों से कोई राजा के पास

भेंट लेकर आता हैं तो 40 हाथ लंबी चौड़ी जाज़िम बिछाई जाती है और ऊपर चांदनी वा शामियाना टांगा जाता है। राजा सोने के सिंहासन पर राजकीय वस्त्राभूषण धारण करके बैठता है। सिंहासन चार सार्दूलों पर स्थापित रहता है। जब ऊई देश के राजदूत आए तो राजा ने बार बार प्रणाम करके उनसे पत्र लिया। सभा में जाने पर एक मनुष्य नाम और उपाधि बताता है, फिर अभ्यागत को आगे कर के लाता है। आवश्यक कार्य हो जाने पर सभा का विसर्जन होता है। यह केवल नियम ही का प्रतिपालन करते हैं। कोई बाजा आदि नहीं है। 'ईखा' देश के राजा के अंतःपुर में स्त्रियां भी राजकीय वस्त्र पहनती हैं। इनके परिच्छद गज गज भर भूमि में लोटते चलते हैं। उन्हें उठाने के लिए अलग नौकर लोग होते हैं। स्त्रियां इसके अतिरिक्त फुट भर या इससे भी अधिक लंबी आठ सींगें मस्तक पर धारण करती हैं। ये तीन तीन फुट तक लंबी लाल मूंगे की बनी और अनेक रंगों में रंगी होती हैं, यही उन का मुकुट है। राजा के अंतःपुर की स्त्रियां जब कहीं अन्यत्र जाती हैं तो इन सब को धारण करके जाती हैं। घर में वे सुवर्ण जटित पीढ़ों पर बैठती हैं। पीठ हाथी के दांत की होती है और नीचे सिंह की चार मूर्तियां बनी रहती हैं। इसके अतिरिक्त मंत्रियों की स्त्रियों और राजा के अंतःपुर की स्त्रियों का आचार व्यवहार शेष बातों में समान है। मंत्रियों की स्त्रियां भी मुकुट पर सींग धारण करती हैं। इन सींगों से चंदवे के सदृश झब्बे लटका करते हैं। धनी और दरिद्र दोनों के परिच्छद भिन्न भिन्न हैं। असभ्य जातियों में यही जाति सबसे अधिक सभ्य है। इन लोगों का बौद्ध धर्म पर बहुत कम विश्वास है। प्रायः अधिक लोग अन्य धर्म के माननेवाले हैं। ये लोग जीवित प्राणी को मार के उसका मांस खा लेते हैं। पास के देशों से अनेक पशु कर में आते हैं, उन्हीं का मांस ये खाते हैं। 'ईखा' से हम लोगों की राजधानी 20 हजार मील पर है।

"ग्यारहवें महीने के पहले सप्ताह में हम लोग 'पोसि' देश की सीमा के प्रदेश में पहुंचे। 17 दिन चलकर एक पहाड़ी और दरिद्र जाति के देश में आए। इसका आचार व्यवहार असभ्य था। यहां कोई राजा का सम्मान नहीं करता। राजा भी बाहर निकलने पर वा अंतःपुर में रहने पर अधिक परिचारकों को साथ नहीं रखता। इस देश में एक नदी है। पहले तो यह इतनी गहरी नहीं है पर ज्यों ज्यों पर्वत में नीचे घुसती गई है नदी की गति बदलती गई है और दो बड़े बड़े कुंड पड़ गए हैं। एक दैत्य यहां रहता है और बड़ी हानि पहुंचाता है। ग्रीष्म काल में तो दैत्य पानी बरसाता है और जाड़े में तुषार गिराता है। इसके कारण यात्रियों को अनेक कठिनाइयां उठानी पड़ती हैं। यहां का तुषार इतना स्वच्छ और चमकीला है कि उसे देखने से दृष्टिशक्ति मारी जाती है। आंख न मूंदें तो अंधे होने में कुछ देर नहीं लगती। यात्री लोग दैत्य की पूजा यदि चढ़ा देते हैं तो उन्हें आने जाने में कोई कठिनाई नहीं पड़ती।

"ग्यारहवें महीने के मध्य भाग में 'सिमि' जनपद में पहुंचे। यह प्रदेश 'सुंगलिंग'

पर्वतमाला की सीमा पर है। देश की भूमि ऊबड़ खाबड़ है। यहां के रहनेवाले अत्यंत दरिद्र हैं। मार्ग ऊंचा नीचा बड़ा ही भयानक और दुखदायी है। घोड़ा सवारी लेकर इस मार्ग में बड़ी कठिनाई से आ जा सकता है। 'पुकालाई' से उद्यान प्रदेश तक सेतु[1] बना है। सेतु लोहे की जंजीरों का है। पर्वत की घाटी को पार करने के समय इन्हीं जंजीरों के सहारे पार होना पड़ता है। ये जंजीरें अधर में लगी हैं। नीचे देखने से घाटी की तरी दिखाई नहीं पड़ती है। जंजीर हाथ से छूटते ही यात्री 40000 फुट नीचे गिरकर चकना चूर हो जाते हैं। यात्री लोग इसीलिये पानी वा झड़ी के समय पर्वत की घाटी को पार करने की चेष्टा नहीं करते।

"बारहवें महीने हम लोग उद्यान प्रदेश में पहुंचे। इस देश के उत्तर सुंगलिंग पर्वतमाला और दक्षिण में भारतवर्ष है।"

अब विचारने की बात यह है कि फाहियान ने भी तूले जनपद से उद्यान के बीच सिंधुनद के उतरने के समय सेतु का जैसा वर्णन किया है वह सांगइयान और हुईसांग के सेतु के उस वर्णन से ठीक ठीक मिलता है जो अभी ऊपर पुकालाई और उद्यान के बीच वर्णन हो चुका है। वास्तव में वह नदी सिंधु नहीं जान पड़ती। यह वही नदी है जिसका वर्णन 'सांगइयान' और 'हुईसांग' ने पोसो के संबंध में किया है। यही नदी आगे चलकर गहरी हो गई और अंत में खड्ड बन गई, जिसके पार करने के लिए झूले बनाए गए थे। यदि सिंधु नद होता तो सांगइयान और हुईसांग ने अवश्य उसका उल्लेख किया होता। अब कीचा से तूले प्रदेश तक वे ही जनपद थे और उनमें वही नदियां आई थीं जिनका वर्णन वाल्मीकीय रामायण में भरत की यात्रा के साथ है वा सांगइयान और हुईसांग ने ऊपर उद्धृत किए शब्दों से किया है।

कीचा जनपद के विषय में यदि उसको 'खश' का ही रूपांतर मानें तो Sylvain Levi के "खरोष्ट देश और खरोष्टी लिपि" में निम्नलिखित वाक्य विवेचनीय है "Khacas, Khacya or Khasya, in Chinese Kiacha, or K'ocha or K'oso (मैं Keicha को भी इसी से स्फोट संबंधवान कह सकता हूं) corresponding to the Sanskrit variants Khaca, Khasa, Khasa, and this writing is classed between that of Daradas (To-lo; Ta-lo-to with the note "mountain on the boarder of On-tchang, that is Udyana) and that of Cin. Thus the land of Khaca, occupied the space between Dardistan on the lower Indus and the frontier of China proper." भावार्थ यह है—कि खश को ही चीनी भाषा में कोचा, आदि लिखा गया है। खश लिपि दरद और चीन के मध्य रखी गई है। अतः खश जनपद वह स्थान है जो दरदिस्तान और चीन के मध्य में है।

1. फाहियान ने जिस सेतु का उल्लेख किया है या तो यही है अथवा कोई दूसरा होगा जो इस नदी पर रहा होगा।

इससे स्पष्ट है कि सिंधु नद के दक्षिण के प्रदेशों में (उसके दक्षिण दिशा में फिरने तक) जो कराकोरम और हिंदुकुश के इस पार पड़ते थे, पश्चिम में दरद वा तूले और पूर्व में कीचा का प्रदेश था। इनके अंतर्गत इधर उधर अनेक और प्रदेश पड़ते थे जिनका उल्लेख फाहियान ने नहीं किया है। उनका विशेष वर्णन सांग-इयानादि के यात्रा-विवरण में है। अतः यूव्हे से फाहियान पूर्व की ओर कराकोरम के किनारे से कीचा को गया और फिर कीचा से दरद होता हुआ उद्यान में आया।

कीचा में पहुंच कर फाहियान को ह्वेकिंग और उसके दो और साथी, जो खुतन से पहले यहां चले आए थे, मिले। यहां उस समय पंच परिषद का उत्सव पड़ा था। यह उत्सव पांचवें वर्ष पड़ा करता था। इसका पूरा वर्णन पांचवें पर्व में सांगोपांग मिलता है। फाहियान ने इस देश के विषय में इतना ही लिखा है, "यह देश पहाड़ी और ठंडा है, सुनते हैं यहां गेहूं के अतिरिक्त और अन्न नहीं होता। (इस) पर्वत के सामान्य लोग मोटा झोटा वस्त्र पहनते हैं। यह जनपद सुंगलिंग पर्वतमाला के मध्य है। इस पर्वतमाला से जितना ही आगे बढ़े वनस्पति वृक्ष और फल सब विभिन्न मिलते गए। केवल बांस विल्व और ईख ये ही तीन हमारे देश के हैं।" उस देश में बुद्धदेव की पीकदान और दांत पूज्य पदार्थ थे। श्रमणों के आचार व्यवहार आश्चर्यजनक और इतने विधिनिषेधात्मक थे कि कहे नहीं जा सकते।

कीचा से यात्रियों ने पश्चिम की ओर एक मास तक चल कर सुंगलिंग पर्वतमाला पार की। यहां यह जान लेने योग्य है कि सुंगलिंग पर्वत से यात्रियों का अभिप्राय उन सारी पर्वतमालाओं के जाल से है जो सुंगलिंग से दक्षिण पामीर तक फैली हुई हैं और वहां थियनसान से मिली हैं। यद्यपि पहले भी वे जीहो और यूव्हे के मध्य इसी के एक अंश को पार कर चुके थे पर फिर भी इस और अंश को पार करना पड़ा। फाहियान ने लिखा है, "सुंगलिंग पर्वतमाला ग्रीष्म से हेमंत तक तुषारावृत रहती है। उसपर विषधर नाग हैं। वे कुपित होकर विषयुक्त वायु छोड़ते हैं, तुषार बरसाते हैं, अंधड़ चलाते हैं और पत्थर बरसाते हैं। यहां इन आपत्तियों से बचकर दस हजार में एक भी नहीं निकल पाता। इस देशवाले इसे हिमालय पर्वत कहते हैं।" इस देश में उसने मैत्रेय बोधिसत्व की मूर्ति की अलौकिक कथा लिखी है।

इस देश से दक्षिण-पश्चिम पंद्रह दिन चलकर यात्रियों को दो पर्वतों के मध्य एक नदी मिली। उसे उन लोगों ने सिंधु लिखा है, पर वह सिंधु नहीं जान पड़ती। सांगइयांग और हुइसांग की यात्रा के विवरण से मिलाकर देखने से यह कोई और नदी जान पड़ती है। डाक्टर एम. स्टीन के मध्य एशिया के वर्णन में जो उन्होंने इंडियन अंटीक्वेरी सन 1909 पृष्ठ 299 में लिखा है, ये वाक्य हैं—

But it was on far more interesting ground that I was soon able to verify the accuracy of those Chinese annalists, who are our chief guides in the early history and geography of Central

Asia. Reasons, which cannot be set forth here in detail, had years before led me to assume that the route by which in 749 A.D a Chinese army coming from Kashghar and across Pamirs had successfully invaded the territories of Yasin and Gilgit, then held by Tibetians, led over the Baroghil and Darkol passes, I was naturally very anxious to trace on the actual ground the route of this remarkable exploit, the only recorded instance of an organised force of relatively large size, having surmounted these passes, the formidable natural barriers which the Pamirs and Hindukush present to military action. The ascent of the Darkot Pass, circ. 15400 feet above the sea, which I undertook with this object on May 17, proved a very terrifying affair, for the miles of magnificient glacier over which the ascent led from the north were still covered by deep masses of snow, and only after nine hours of toil in soft snow, hiding much crevassed ice, did we reach the top of the pass. Even my hardy Mastuji and Wakbi guides had held it to be inaccessible at this early season. The observations, gathered there, and subsequently on the marshes accross Buroghil to the Oxus, fully bore out the exactness of the topographical indications furnished by the Official account of Koo-hsenr-che's expedition. As I stood on the glittering expanse of snow marking the top of the pass and looked down the precipitous slopes leading some 6000 feet below to the head of Yasin valley, I felt sorry that there was no likelihood of a monument ever rising for the brave Corean general who had succeeded in moving thousands of men across the inhospitable Pamir and over such passes.

इसका सारांश यह है कि यह हर्ष की बात है कि मुझे यहां चीनी लेखकों की सत्यता प्रमाणित करने का अच्छा अवसर प्राप्त हुआ। मध्य एशिया के इतिहास और भूगोल के विषय में वे ही हमारे अगुआ और पथदर्शक हैं। मुझे यहां उन कारणों को अच्छी तरह लिखने का अवकाश नहीं है कि क्यों सन 749 ई. में चीनी सेना कासगर से पामीर होती हुई यासीन और गिलगिट आई। यासीन और गिलगिट उस समय तिब्बत के अधिकार में थे। चीनियों की सेना 'बरोगिल' और 'दरकोट' के दर्रों को पार कर आई थी। मैं चीनियों की इस बड़ी सेना के आने के मार्ग को जानने का बड़ा उत्सुक था। इस सेना ने पामीर और हिंदुकुश के प्राकृतिक अवरोधों को पार किया था। 'दरकोट' दर्रा समुद्र की सतह से 15400 फुट ऊंचा है। मैं 17 मई को वहां पहुंचा। मीलों तक बर्फ की नदी चमक रही थी। उसका चढ़ाव उत्तर से बड़े बड़े बर्फ के ढोकों से ढंका था। मैं बड़ी कठिनाई से पुलपुली बर्फ पर से होकर ऊपर गया। 9 घंटे लगे। मेरे पथदर्शकों ने इसे पार करना असंभव बताया

था ! मैंने जब इन चमकते हुए बर्फों के ऊपर से नीचे देखा तो यासीन की घाटी 7000 फुट की गहराई में देख पड़ी। खेद है कि कोरिया के उस वीर सेनापति का यहां कोई स्मारक चिह्न नहीं है जो अपने कौशल से सहस्रों मनुष्यों की सेना लिए यहां पहुंचा था। इससे यह पता चलता है कि उद्यान के इधर उधर दुष्पार पर्वत के दर्रे और घाटियां थीं। ऐसी ही और घाटी रही होगी जिसपर से उस समय दरद देश से उद्यान आने के लिए झूले का पुल बना रहा हो। पर इतने मात्र से उसे सिंधुनद मानना ठीक नहीं प्रतीत होता। यह भी संभव है कि कोई और नदी हो जो दो पर्वत के मध्य होकर उद्यान और दरद के बीच बहती हो और उसके दोनों ओर दो ऊंचे पर्वत रहे हों। इसकी सत्यता दोनों यात्रियों के विवरणों से प्रमाणित होती है। भरतजी को उयान पहुंचने में भागीरथी नामक नदी उतरनी पड़ी थी जिसे महाकवि ने "दुष्प्रतरां" लिखा है। वह नदी अंशुधान पर्वत के समीप थी। यहां डा. ओर्फ्रेंक का मत भी विचारणीय है। वे लिखते हैं कि हियनतू शब्द का अर्थ रस्सी का झूला है। इस यात्रा में 'हियन' और 'तू' नामक दोनों संकेत दो बार आए हैं। एक पर्व 7 में और दूसरे पर्व 14 में। पर्व 15 में 'तू' शब्द अकेला आता है और यहां नदीवाचक है। इसके अतिरिक्त और भी कई जगह यह शब्द नदीवाचक आया है। अतः हियन का अर्थ सिवाय झूला या पुल के और दूसरा नहीं प्रतीत होता है। सिंधुनद के लिए वे ही संकेत प्रयुक्त हो सकते हैं जो हिंदुस्तान के लिए आए हों। शब्द के उच्चारण साम्य से यह भ्रम अनुवादकों को हुआ होगा।

यहां नदी पार कर इस पार आने पर अनेक भिक्षु मिले और उन लोगों ने फाहियान से प्रश्न किया कि बतलाओ बौद्ध धर्म कैसे यहां से पूर्व की ओर गया। इस पर फाहियान ने उत्तर दिया कि "हमने उस ओरवालों से पूछा था। वे कहते थे कि बाप दादों से सुनते आते हैं कि मैत्रेय बोधिसत्व की मूर्ति स्थापन कर हिंदुस्तान के भिक्षु सूत्र और नियम लेकर नदी पार गए। मूर्ति की स्थापना बुद्धदेव के परिनिर्वाण काल से 300 वर्ष पीछे हुई। उस समय हान देश में चाउ वंशी महाराज पिंग का राज्य था। इस वाक्य से प्रमाणित है कि हमारे धर्म का प्रचार इस मूर्ति के स्थापन से प्रारंभ हुआ है। भगवान मैत्रेय धर्मराज हैं। उसी शाक्य वंशावतंस ने त्रिरत्न की घोषणा की है और यहां आकर पार के लोगों को धर्मोपदेश किया है।"

फाहियान उद्यान जनपद पहुंचा। यह उद्यान जनपद ऊर्द्ध-स्वात के दून में था। वहां उस समय अनेक संघाराम थे जिनमें बहुतों का पता डा. स्टीन साहेब ने सन 1898 में चलाया। डा. स्टीन साहेब ने मंगाली के पास एक बड़े नगर का खंडहर भी खुदवाया था और उनका अनुमान क्या, दृढ़ विश्वास है कि उद्यान की प्राचीन राजधानी यहीं थी। यहां के देशवालों से मालूम हुआ कि यहां बुद्धदेव का पदचिह्न है, यहां एक चट्टान भी थी, जिसपर बुद्धदेव ने यहां आकर अपने कपड़े सुखाये थे।

यहां फाहियान के साथ हेकिंग, हेता और तावचांग तो नागर जनपद में बुद्धदेव की छाया का दर्शन करने चले गए पर फाहियान और शेष लोगों ने यहां ठहरकर वर्षावास किया। वर्षा बीत जाने पर फाहियानादि दक्षिण की ओर उतर कर सूहोतो में आए।

सूहोतो प्रदेश का नाम पुराणों में शिवि दिया गया है। फाहियान ने इस जनपद के विषय में एक जातक की कथा का वर्णन किया है। वह राजा शिवि की कथा से जो पुराणों में मिलती है अक्षरशः मिलती जुलती है। भेद केवल इतना मात्र है कि फाहियान ने शक्र को ही परीक्षा करनेवाला लिखा है पर पुराणों में शक्र और अग्नि को परीक्षक लिखा है। उनमें शक्र श्येन और अग्नि कपोत का रूप धारण कर के आए थे। शेष ज्यों का त्यों है।

यह 'सूहोतो' प्रदेश वही है जहां आज कल बुनेर है। वहां पर उस समय एक स्तूप था जिस पर सोने चांदी के पत्र चढ़े थे। बौद्ध धर्म का भी अच्छा प्रचार था। उस स्तूप का खंडहर अब तक गिरारै में है।

यहां से फाहियानादि सूहोतो से पूर्व ओर 1 दिन चले और गांधार जनपद में गए। इस जनपद के विषय में केवल एक जातक की कथा का उल्लेख किया गया है जिसमें बुद्धदेव के एक जन्म में किसी को आंख देने की कथा है। उस जगह उस समय एक स्तूप था और वहां के लोग हीनयानानुयायी थे। स्तूप के खंडहर का पता अब तक नहीं चला है।

गांधार से चलकर फाहियानादि पूर्व ओर 7 दिन चल कर तक्षशिला पहुंचे। तक्षशिला को बौद्ध लोग तक्षशिरा कहते हैं। फाहियान ने तक्षशिरा के यह नाम पड़ने का यह कारण दिया है कि बुद्धदेव ने अपने एक जन्म में अपना शिर एक मनुष्य को दान कर दिया था। यहां एक स्तूप था। वहां से दो दिन पूर्व की ओर चलकर उसे एक और स्तूप मिला जहां बुद्धदेव ने किसी जन्म में अपना शरीर भूखी बाघिन को खिलाया था।

फाहियानादि फिर वहां से दक्षिण ओर चले और चौथे दिन पुरुषपुर जिसे आज कल पेशावर कहते हैं पहुंचे। यहां पर फाहियान को मालूम हुआ कि बुद्धदेव ने यहां पधार कर अपने शिष्य आनंद से कनिष्क के विषय में भविष्य वाणी की थी। यहां कनिष्क का बनवाया हुआ एक विशाल-स्तूप था जिसपर सोने चांदी के पत्र चढ़े थे। यहां बुद्धदेव का एक भिक्षापात्र भी था जिसकी पूजा होती थी। यहां के लोगों से उसने सुना कि 'यूशे' नामक राजा उस पात्र को उठा ले जाना चाहता था पर जब अनेक प्रयत्न करने पर भी उसे न ले जा सका तो विवश हो उसने वहां एक स्तूप और संघाराम बनवा दिया और उनके व्यय के लिए प्रबंध कर दिया। पावयुन और सांगकिंग भिक्षापात्र की पूजा कर चीन देश लौटने के विचार में थे कि हेता भी जो हेकिंग और तावचिंग के साथ उद्यान से ही नागर को बुद्धदेव की छाया के दर्शन के लिए गया था लौटकर पहुंचा। उसने कहा वहां हेकिंग बीमार पड़ गया था और जब उसकी दशा सुधरती न देख पड़ी तो तावचिंग को उसकी सेवा के लिए छोड़ कर हेता यहां लौट आया। पेशावर पहुंचने पर फाहियान आदि से मिलकर पावयुन और

सांगकिंग तो ह्वेता के साथ चीन देश को लौट गए और फाहियान अकेला नागर की ओर चला।

नागर प्रदेश पुरुषपुर के पश्चिम पड़ता था। यात्री पुरुषपुर से 16 योजन चलकर वहां के नगर हेलो में पहुंचा। हेलो आजकल हिड्डा कहलाता है और काबुल देश की सीमा के अंतर्गत जलालाबाद से दक्षिण 5 मील पर है। यहां बुद्धदेव के कपाल की एक हड्डी थी। वह एक सुंदर विहार में थी और नित्य उसकी पूजा बड़े विधान से होती थी। यहां कोई छोटा राजा भी था और एक बड़ा विहार भी था। उसके उत्तर एक योजन पर नागर की राजधानी थी। कहते हैं कि बुद्धदेव ने यहां पूर्व जन्म में, जब दीपंकर बुद्ध थे, तीन डालियां फलों की मोल लेकर उन्हें चढ़ाई थीं। वहीं बुद्धदेव का एक दांत भी था। नागर के उत्तर पूर्व एक योजन पर एक दून पड़ता था। इसके मुहाने पर बुद्धदेव का दंड और भीतर उनकी संघाती थी, तथा नागर के दक्षिण आध योजन पर एक गुफा में बुद्धदेव की छाया थी। फाहियान ने लिखा है कि "दस पग से अधिक दूर जाकर देखने से इसका साक्षात दर्शन होता है। पर ज्यों ज्यों पास जाओ यह स्वप्नवत विलीन हो जाती है।" इसीके पास ही उसे एक वृहत स्तूप और विहार भी मिले थे। उस स्तूप को उसने बुद्धदेव का रचा हुआ लिखा है।

नागर देश में फाहियान जाड़े की ऋतु के तीसरे महीने तक रहा। फिर फाहियान, ह्वेकिंग और तावचिंग साथ साथ स्वेरत पर्वत या सफेद कोह पर चढ़े। वहां पहाड़ पर चढ़ते समय इतनी ठंडी और तीक्ष्ण वायु चली कि सबके सब ठिठुर गए। ह्वेकिंग बेचारा पहले ही से रोगग्रस्त था। वह बेकाम हो गया और गिर पड़ा। उसके मुंह से फेचकुर बहने लगा और वह मर गया। फाहियान और तावचिंग बड़ी कठिनाई से सफेद कोह पार कर 'लोए' जनपद में गए।

'लोए' प्रदेश सफेद कोह के दक्षिण मूल ही में था। वहां उस समय फाहियान वर्षा ऋतु भर रह गया। 'लोए' प्रदेश में महायान और हीनयान दोनों के अनुयायी भिक्षु थे। वर्षावास बिताकर फाहियान और तावचिंग 10 दिन तक दक्षिण ओर चलकर 'योना' में जिसे अब बन्नू कहते हैं आए। यहां से फिर 3 दिन चलकर सिंधु नद के पास पहुंचकर उसे पुल पर उतरकर पार हुए।

पूर्व काल में उद्यान से लेकर सब जनपद गांधार देश के अधीन थे। फाहियान ने स्वयं आगे 39 पर्व में भारतीय पंडित व्याख्यान का उल्लेख करते हुए लिखा है कि "बुद्धदेव का भिक्षापात्र पहले वैशाली में था अब गांधार में है", यद्यपि उसने अपने यात्रा विवरण पर्व 12 में लिखा है कि "बुद्धदेव का भिक्षापात्र भी इस पुरुषपुर जनपद में है"। इससे भी स्पष्ट है कि ये सब जनपद गांधार के अधीन थे अथवा गांधाराधिप के राजपुरुष उनका शासन करते थे। पुरुषपुर उसकी प्रधान राजधानी थी।

सिंधु पार हो फाहियान और तावचिंग पीतू जनपद में आए। इस जनपद के भिक्षु उन्हें बाहरी देख बड़े अचंभे में आए और जब उन्हें उनसे पूछने पर यह ज्ञात हुआ कि वे चीन देश के रहने वाले हैं और इतनी दूर धर्म और धर्मग्रंथों को ढूंढ़ते हुए आए हैं तो उन लोगों ने बड़े आश्चर्य से उनके साहस की प्रशंसा की और उनसे बड़ी सहानुभूति प्रगट की।

यह प्रदेश उस समय सिंधुनदी के इस पार जमुना के किनारे तक विस्तृत समझा जाता था। इस जनपद से होते हुए यात्री दक्षिण-पश्चिम की ओर बढ़े। राह में उन्हें अनेक संघाराम मिले जिनमें लाखों भिक्षु थे। इनमें से होते हुए वे मथुरा में पहुंचे। कितने दिनों में पहुंचे इसका कुछ भी पता हमारे यात्री के यात्रा विवरण से नहीं चलता। मथुरा में आकर वे ठहरे या नहीं इसका भी कुछ उल्लेख यात्रा में नहीं है और न कुछ मथुरा का हाल ही लिखा है, हां इतना मात्र अवश्य मिलता है कि "यहां से दक्षिण-पूर्व दिशा में 80 योजन चले। एक जनपद में पहुंचे। जनपद का नाम मथुरा है। पुना (यमुना) नदी के किनारे किनारे चले। दाहिने बायें 20 विहार थे जिनमें तीन सहस्र से अधिक भिक्षु थे। बौद्ध धर्म का अच्छा प्रचार अब तक है।" यात्रा विवरण में एक और वाक्य है जिससे यह परिणाम निकलता है कि गोबी की मरुभूमि से इधर के देश या तो भारतवर्ष के अंतर्गत समझे जाते थे अथवा बौद्धधर्म का प्रचार और भारतीय आचार विचार देख हमारे यात्री ने उन्हें भारतवर्ष के देश लिख डाला है। वह वाक्य यह है, "मरुभूमि से पश्चिम हिंदुस्तान के सभी जनपदों में जनपदों के अधिपति बौद्ध-धर्मानुयायी मिले।"

फाहियान ने इस (मथुरा) से दक्षिण के देश को मध्य देश लिखा है। उसने वहां की प्रजा को बड़ा ही शुद्धाचारी और धर्मनिष्ठ लिखा है। फाहियान के शब्द ये हैं—

"प्रजा प्रभूत और सुखी है। व्यवहार की लिखा पढ़ी और पंचायत कुछ नहीं है। वे राजा की भूमि जोतते हैं और उसका अंश देते हैं। जहां चाहें जाएं, जहां चाहें रहें। राजा न प्राण दंड देता है, न शारीरिक दंड देता है। अपराधी को अवस्थानुसार उत्तम साहस वा मध्यम साहस का अर्थदंड दिया जाता है। बार बार दस्यु कर्म करने पर दक्षिण करच्छेद किया जाता है। राजा के प्रतिहार और सहचर वेतनभोगी होते हैं। साथ देश में सिवाय चांडाल के कोई अधिवासी न जीवहिंसा करता है, न मद्य पीता है और न लहसुन प्याज खाता है। दस्यु को चांडाल कहते हैं। वे नगर के बाहर रहते हैं और नगर में जा पैठते हैं तो सूचना के लिए लकड़ी बजाते चलते हैं, कि लोग जान जाएं और बचाकर चलें, कहीं उनसे छू न जाएं। जनपद में सूअर और मुर्गी नहीं पालते, न जीवित पशु बेचते हैं, न कहीं सून और मद्य की दूकानें हैं। क्रय विक्रय में कौड़ियों का व्यवहार है। केवल चांडाल मछली मारते, मृगया करते और मांस बेचते हैं।"

अहा! कैसा धर्मराज्य था। मानों कवि वाल्मीकि ने अयोध्या की प्रजा की जो प्रतिकृति खींची थी वह साक्षात हमारे यात्रियों ने अपनी आंखों से देखी। भला हम कलियुगी मनुष्यों

का भाग्य कहां जो ऐसे धर्मराज्य के समय में जनमते। अयोध्या की प्रजा का जो वर्णन वाल्मीकिजी ने किया है उसके कुछ अंश नीचे देते हैं। सहृदय पाठक उसे फाहियान के वर्णन से मिला कर देखें–

तस्मिन्पुरवरे हृष्टा धर्मात्मानो बहुश्रुताः
नरास्तुष्टा धनैः स्वैःस्वैरलुब्धाः सत्यवादिनः।
नाल्पसन्निचयः कश्चिदासीत्तस्मिन्पुरोत्तमे
कुटुंबी योह्यसिद्धार्थो गवाश्वधनधान्यवान्।
कामी वा न कदर्यो वा नृशंसः पुरुषः क्वचित्
द्रष्टुं शक्यमयोध्यायां नाविद्वान्नच नास्तिकः।
सर्वे नराश्चनार्यश्च धर्मशीलाः सुसंयताः
मुदिताः शीलवृत्ताभ्यां महर्षय इवामलाः।
नानाहिताग्निर्नायज्वा न क्षुद्रो वा न तस्करः
कश्चिदासीदयोध्यां न चावृत्तो न संकरः।
स्वकर्मनिरता नित्यं ब्राह्मणाः विजितेन्द्रियाः
दानाध्ययनशीलाश्च संयताश्च प्रतिग्रहे।
नास्तिकोनानृतीवापि न कश्चिदबहुश्रुतः
नासूयको न चाशक्तो नाविद्वान्विद्यते क्वचित्।
न दीन क्षिप्तचित्तो वा व्यथितो वापि कश्चन
कश्चिन्नरो वा नारी वा नाश्रीमानाप्यरूपवान्।
द्रष्टुं शक्यमयोध्यायां नापिराजन्यभक्तिमान्
दीर्घायुषो नराः सर्वे धर्मं सत्यं च संश्रिताः।
सहिताः पुत्रपोत्रैश्च नित्यं स्त्रोभिः पुरोत्तमे
क्षत्रं ब्रह्ममुखं चासीद्वैश्याः क्षत्रमनुब्रताः।
शूद्राः स्वकर्म निरतास्त्रोन्वर्णानुपचारिणः

ऐसे देश से होकर दक्षिण-पूर्व मथुरा से 18 योजन चलकर वे संकाश्य नगर में पहुंचे। संकाश्य नगर फर्रूखाबाद के जिले में शमसाबाद के पर्गने में है। इसे अब संकसिया कहते हैं। यहां अबतक अनेक विहारों और स्तूपों के चिह्न मिलते हैं। यहां दो अशोक स्तंभों के भी चिह्न हैं जिनमें एक पर हाथी की मूर्ति थी। वह मूर्ति वहां मिली भी थी।

कहते हैं कि बुद्धदेव जब इस लोक से त्रयस्त्रिंशधाम में अपनी माता को जो उस स्वर्ग में देवयोनि में जनमी थीं आभिधर्म का उपदेश करने गए थे और वहां वर्षावास कर तदनंतर इस लोक में अवतीर्ण हुए थे तो वहां से यहीं उतरे थे। जिस स्थान पर उतरे थे वहां सीढ़ियां बनी थीं जिसपर महाराज अशोक के बनवाए विहार और स्तंभ थे। वहां एक तीर्थ भी था

जहां बुद्धदेव ने स्नान किया था। उनके चंक्रमणस्थान पर तथा जहां केश-आदि कर्तन किए थे और बैठे थे, स्तूप थे। फाहियान ने इस स्थान के संबंध में एक और स्थान का उल्लेख इन शब्दों में किया है कि "यहां से पश्चिमोत्तर पचास योजन पर एक विहार है जिसे 'आड़वक' कहते हैं। 'आड़वक' नामक एक दुष्ट यक्ष था। बुद्धदेव ने उसे धर्मोपदेश किया था। पीछे लोगों ने उस स्थान पर विहार बनवाया था। जब एक अर्हत को इस विहार को दान देने के लिए उसके हाथ पर जल छोड़ने लगे तो जल के कुछ बूंद गिरे थे। पृथ्वी पर उस जगह वे अब तक पड़े हैं, कितने ही पोंछे जाते हैं पर मिटते नहीं।" ये बातें फाहियान ने लोगों से सुनकर लिखी हैं। वास्तव में वह उस स्थान पर गया नहीं था। वहां एक नाग का विहार भी था।

फाहियान इसी 'नाग' विहार में रहा था। नाग विहार संकाश्य नगर में उसी स्थान में आस पास था जहां बुद्धदेव त्रयास्त्रिंश-नाम से शक्र और ब्रह्मा के साथ अवतीर्ण हुए थे। नाग विहार के संबंध में फाहियान ने लिखा है कि "इस स्थान के पास एक श्वेत-कर्ण नाग है। वही भिक्षुओं का दानपति है। जनपद में उसी से पुष्कल अन्न होता है, यथासमय वृष्टि होती है और ईतियां वहीं पड़तीं। इसके प्रत्युपकार में भिक्षुओं ने नाग के लिए विहार बना दिया है, उसके बैठने के लिए आसन कल्पित है, भोग लगता है और पूजा होती है। भिक्षुसंघ से नित्य तीन जन नाग विहार में जाते हैं और भोजन करते हैं। वर्षा बीतने पर नागराज कलेवर बदलता है। एक छोटा-सा संपोला बन जाता है जिसके कानों के पास सफेद बुंदकियां होती हैं। भिक्षुसंघ उसे पहचानते हैं। तांबे के कलश में दूध भरते हैं और नाग को उसमें डाल सब ऊंच नीच के पास ले जाते हैं। यह कृत्य अकथनीय होता है। ऐसी यात्रा वर्ष में एक बार होती है।" यह अद्भुत बात कुछ बुद्ध की छाया से कम आश्चर्यजनक नहीं है। कुछ हो उस समय लोग नितांत सीधे थे और सुगमता से बातों का विश्वास कर लेते थे। विदेशियों के यात्रा विवरणों में ऐसी बातों की कमी नहीं। स्वयं द्रवरनियर और वर्नियर की यात्राओं को जिन लोगों ने देखा है वे इसे अच्छी प्रकार जानते हैं। पंडे पुरोहितों और पुजारियों का यह साधारण हथकंडा है कि वे अपने यात्रियों से ऐसी रोचक और भयानक कथाएं प्रायः कहा करते है, जिससे वे उनके श्रद्धालु भक्त हो जावें। एक बार की बात है कि मैं अपने एक मित्र के साथ काशी में करवट का दर्शन करने गया। मार्ग से ही दो दिन काशी के छोकरों ने पीछा किया और वे उन्हें उस स्थान पर ले गए। मेरे मित्र थे बड़े श्रद्धालु पर साथ ही कुछ कृपण भी थे। वहां पहुंचकर और दर्शन कर उन्होंने दो पैसा चढ़ाया। इसी बीच में एक और मनुष्य ने जो प्रायः उन्हीं का कोई सिद्धसाधक था पंद्रह रुपए लाकर उस स्थान के पुजारी के पांव पर रख दिए और कहा कि महाराज मेरे मनोरथ सफल हो गए, यह मेरी पूजा है, स्वीकार कीजिए। पंडाजी ने झट अपने पास से चार पैसे निकाल कर दिए और कपूर मंगाया। कपूर को जलाकर एक गहरे कूप में छोड दिया। फिर हम

लोगों को दर्शन करा कर कहा कि यहां चढ़ाने और प्रार्थना करने से मनोरथ सफल होते हैं। यह कह वे रुपए उन्होंने उसी कूप में छोड़ दिए। अब तो मेरे मित्र से न रहा गया, वे एक अठन्नी निकाल कर डालने लगे। पंडा जी ने कहा भाई जैसा मनोरथ हो वैसा ही अपने वित्त के अनुकूल भीतर चढ़ाना। फिर तो मेरे मित्र ने अठन्नी अपनी गोट में रख ली और दो रुपए निकाल कर कुएं के भीतर डालकर पंडा जी का पांव पकड़ा और चले आए। मैं भी उनके साथ बैठा सारा दृश्य देखता रहा। यही दशा अन्य तीर्थ-स्थानों की भी है। जब आज कल धूर्त्त पंडों की इतनी चल जाती है तो प्राचीन काल में और विशेषकर विदेशियों से उनकी कितनी चलती थी यह लोग समझ सकते हैं।

यहां फाहियान और उसका साथी तावचिंग नाग विहार में रहे और यहीं उन्होंने वर्षा व्यतीत की। फिर यहां से दक्षिण-पूर्व दिशा में 7 योजन चलकर वे कान्यकुब्ज में पहुंचे। कान्यकुब्ज नगर गंगा के किनारे था। वहां उस समय दो संघाराम थे जिन में हीनयानानुयायी भिक्षु रहते थे। यहां पर बुद्धदेव ने नगर से पश्चिम छ सात ली पर अपने शिष्यों को संसार की असारता का उपदेश दिया था। वहां स्तूप बना था। फाहियान और तावचिंग वहां से गंगा उतर कर दक्षिण तीन योजन पर आले नामक ग्राम में पहुंचे। यहां पर भी बुद्धदेव के बैठने, वक्रमण करने और उपदेश करने के स्थानों पर स्तूप बने थे।

आले का पता आजतक विद्वानों को नहीं चला है। गंगा के पार करने का उल्लेख यात्रा में है पर दक्षिण जाने में गंगा पार करनी नहीं पड़ती। यात्रा विवरण से यह भी अनुमान होता है कि इस यात्रा विवरण के लिए फाहियान कोई सूची वा नोट अपने यात्राकाल में साथ साथ नहीं लिखता गया था, नहीं तो इतनी भूल न होती। केवल स्मरण से उसने लिखा है वा दूसरे को बतलाया था जिसने इन विवरणों को लिखा।

आले से दक्षिण-पूर्व दिशा में 3 योजन पर साकेत पड़ा। यहां बुद्धदेव ने दतुवन कर उसे भूमि में गाड़ दिया था। वह वहां लग गई थी। वहां पर संभव है कि फाहियान ने यह कथा भिक्षुओं से सुनी हो। वहां पर फाहियान ने चारों बुद्धों के बैठने के स्थान पर स्तूप भर देखे थे जो उस समय वर्तमान थे। साकेत संस्कृत ग्रंथों में अयोध्या पुरी का नाम है। पर यदि फाहियान की बात ठीक मानी जाए तो यही क्या अन्य स्थानों का भी दिशा से पता लगाना कठिन हो जाए। दतुवन की बात जो इसमें लिखी है वह अयोध्या के दतुअन कुंड के विषय में प्रचलित दंतकथा से बहुत मिलती है। अंतर केवल यही है कि लोग बुद्धदेव की जगह रामचंद्र की दतुवन के साथ इस कथा का वर्णन करते हैं। सुएन-च्वांग के यात्रा विवरण में ऐसी ही कथा विशाखा नामक स्थान के विषय में मिलती है। विशाखा और शांखें मिलते जुलते शब्द भी हैं।

साकेत से दक्षिण आठ योजन चलकर दोनों यात्री श्रावस्ती पहुंचे। श्रावस्ती उस समय उजाड़ पड़ी थी, केवल 20 लगभग वहां घर आबाद थे। वहां अनेक स्तूप और विहार मिले।

प्रसिद्ध जेतवन विहार के खंडहरों को यात्रियों ने देखा और वे अनेक भिक्षुओं से मिले जिनसे उन्हें मालूम हुआ कि कभी उस जेतवन विहार के आस पास 98 विहार थे। यहां पर फाहियान ने बुद्धदेव के 96 पाखंड के आचार्यों के साथ शास्त्रार्थ और धर्म्मचर्चा की कथा लिखी है। उन पाखंडों के विषय में फाहियान लिखता है कि "मध्य देश में 96 पाखंडों का प्रचार है। सब लोक और परलोक को मानते हैं। उनके साधुसंघ हैं, वे भिक्षा करते हैं, केवल भिक्षापात्र नहीं रखते। सब नाना रूप से धर्मानुष्ठान करते हैं। मार्गों पर धर्मशालाएं स्थापित हैं। वहां आए गए को आवास, खाट, बिस्तर, खाना पीना मिलता है। तभी भी यहां आते जाते हैं और वास करते हैं। सुनते हैं कि काल में कुछ अंतर है।"

छानवे पाखंड कौन थे इसका स्पष्ट पता नहीं चलता। पाखंड शब्द का प्रयोग धार्मिक संप्रदाय के अर्थ में कौटिल्य के अर्थशास्त्र और अशोक के शिलालेख तक में है। 96 पाखंडों की इस देश में बहुत दिनों से चली आती है। सुंदरदासजी सर्वांगयोग ग्रंथ में लिखा है—

इन बिन और उपाय है सो सब मिथ्या जान।
छह दरसन अरु छयान्नवे पाखंड कहूं बखानि।
केचित कर्म स्थापहिं जैना।
केश लुचाइ करहिं अति फैना।।
केचित मुद्रा पहिरै कानं।
कापालिका भ्रष्ट मत जानं।।
केचित नास्तिक वाद प्रचंडा।
तेतौ करहिं बहुत पाषंडा।।
केचित देवी शक्ति मनावैं।
जीव हनन करि ताहि चढावैं।।
केचित मलिन मंत्र आराधैं।
वसीकरन उच्चाटन साधैं।।
केचित मुये मसान जगावैं।
थंभन मोहन अधिक चलावैं।।
केचित तर्कह शास्तर पाठी।
कौशल विद्या पकरहिं काठी।।
केचित वाद विविध मत जानैं।
पढि व्याकरण चातुरी ठानैं।।
केचित कर धरि भिक्षा पावैं।
हाथ पोंछि जंगल को धावैं।।

केचित घर घर मांगहि टूका।
बासी कूसी रूखा सूका।।
केचित धोवन धावन पीवैं।
रहैं मलीन कहौ क्यों जीवैं।।
केचित मता अघोरी लीया।
अंगीकृत दोऊ का कीया।।
केचित अभष भषत न संकाहीं।
मदिरा मांत मांस पुनि खाहीं।।
केचित वपुरे दूधाहारी।
षांड षोपरा दाख छोहारी।।
केचित कर्कट बीनहिं पंथा।
निर्गुन रूप देखावहिं कंथा।।
केचित मृग छाला बाघंबर।
करते फिरहिं बहुत आडंबर।।
केचित मेघाडंबर बैठे।
शीतकाल जलसाईं पैठे।।
केचित धूम पान करि भूले।
औंधे होइ वृच्छ सों झूले।।

इसी प्रकार ब्रह्मजाल सूत्र में अनेक दार्शनिकों के सिद्धांत और आचार विचारों आदि का उल्लेख मिलता है। यहां पर भी साधुओं को फाहियान और तावचिंग को देख बड़ा आश्चर्य हुआ और जब उन्हें पूछने पर मालूम हुआ कि वे चीन देश से आए हैं तो उनके आश्चर्य की सीमा न रह गई। यहां पर छायागत मंदिर का उल्लेख जो फाहियान ने किया है वह भी सुन सुना कर ही किया होगा। देवदत्त के भूमि में समा जाने की कथा भी कुछ कम आश्चर्यजनक नहीं है।

श्रावस्ती का खंडहर अब तक गोंडा जिले में बलरामपुर के पास गोंडा और बहराइच की सीमा पर है। उसकी अनेक बार खुदाई भी हो चुकी है और उस पर विसेंट स्मिथ साहब की आशंका बनी रही, फिर भी यह निश्चय है कि श्रावस्ती वही है। प्रति वर्ष ब्रह्मा, लंका आदि के यात्री यहां दर्शन करने आते हैं। यहां जैनियों का भी तीर्थ स्थान है। यात्री जाकर बलरामपुर के स्टेशन पर उतरते हैं। वहां से पैदल वा एक्का करके श्रावस्ती जाते हैं।

श्रावस्ती के पास ही पश्चिम दिशा में फाहियान और तावचांग को 50 ली पर तूवेद नामक ग्राम मिला। वहां कश्यप बुद्ध के अस्थि पर स्तूप मिला। फाहियान ने इसे कश्यप बुद्ध का जन्म स्थान लिखा है। इस स्थान को अब टंडवा कहते हैं। वहां से यात्री श्रावस्ती

लौट आए और फिर श्रावस्ती से दक्षिण-पूर्व दिशा में चले। 12 योजन जाने पर उन्हें 'नेपी किया' मिला। यहां क्रकुत्सध बुद्ध का जन्म हुआ था। इस स्थान का नाम बौद्ध ग्रंथों में नाभिक और क्षेमावती लिखा है। यहां भी उन्हें उनके परिनिर्वाण का स्तूप मिला। नाभिक का खंडहर अब तक नेपाल की तराई में मिलता है। वहां से उत्तर एक योजन से कम चलकर कनक मुनि का जन्मस्थान मिला। वहां भी स्तूप मिले। इसके भी खंडहर तराई में वर्तमान हैं। फाहियान ने इस गांव का नाम नहीं लिखा है। उस समय ये तीनों स्थान जहां प्राचीन तीनों बुद्धों का जन्म स्थान बतलाया जाता है उजाड़ पड़े थे और स्तूप भी गिरे पड़े थे। फाहियान ने केवल इतना मात्र लिखा है कि "स्तूप बने हैं।" अन्यथा यदि स्तूप अच्छी दशा में होते तो वह लिखता कि "स्तूप अब तक पूर्ववत हैं।"

कनक मुनि का जन्म-स्थान नेपाल की तराई में है। वहां अशोक का बनवाया एक स्तंभ भी था पर उसका उल्लेख फाहियान ने कुछ भी नहीं किया है। उसका खंडहर फुहरर साहेब को निगलिहवा के पास मिला था जिसका चित्र और विवरण उन्होंने अपनी रिपोर्ट में जो (Monograph on Budha Sakya Muni's birth-place in Nepal Tarai) 1897 सन में छपी है, किया है। भूल केवल इतनी मात्र है कि श्रावस्ती से ये स्थान उत्तर पूर्व है दक्षिण पूर्व में नहीं।

वहां से पूर्व एक योजन से कम पर कपिलवस्तु नगर का खंडहर हमारे यात्रियों को मिला। वहां उस समय बिलकुल उजाड़ था। वहां केवल कुछ श्रमण रहते थे और दस घर अधिवासियों के थे। वहां साधुओं ने उन्हें अनेक स्थान दिखलाए और उनके विषय में अनेक बातें कहीं, जैसे यहां महामाया के गर्भ में भगवान सफेद हाथी पर आए, यहां असित ने उनके लक्षण देखे, यहां उनके खेत थे, इत्यादि इत्यादि। कपिलवस्तु के पूर्व 50 ली पर उन्हें लुंबिनी वन मिला। यहां बुद्धदेव का जन्मस्थान था। वह स्थान भी उस समय उजाड़ पड़ा था। उसके भिन्न भिन्न स्थानों के विषय में फाहियान ने जो कुछ सुना उसका उल्लेख अपनी यात्रा में किया है। लुंबिनी वन अब उजाड़ पड़ा है। वह नेपाल की तराई में भगवानपुर के उत्तर है। वहां अशोक का एक स्तंभ भी है जिस पर एक लेख है। फाहियान ने लिखा है कि "कपिलवस्तु जनपद हाजन-शून्य है। अधिवासी बहुत कम हैं। मार्ग में श्वेत हस्ती और सिंह से बचने की आवश्यकता है। बिना सावधानी के जाने योग्य नहीं।" हम नहीं समझते कि सफेद हाथी की बात यात्री ने कहां से लिखी। हाथी और सिंह तो हो सकते थे। अब से सौ दो सौ वर्ष पहले भी हाथी वहां मिलते थे और जंगल भी थे पर सफेद हाथी इस देश में नहीं होते। संभव है कि मिट्टी में लिपटे हाथियों के झुंड को देखकर फाहियान ने उन्हें सफेद हाथी समझ लिया हो।

लुंबिनी के स्थान का पता आजकल के विद्वानों को चल गया है। वह नेपाल की तराई में अब तक भगवानपुर के पास है। वहां अशोक का एक टूटा हुआ स्तंभ भी खड़ा है और

उस पर के लेख से यह प्रमाणित भी हो चुका है। यदि बौद्धों के ग्रंथों को प्रमाणभूत माना जाए तो कपिलवस्तु का जनपद वाणगंगा और रापती के मध्य में था। वाणगंगा नेपाल की तराई से निकलकर गोरखपुर के पास रापती से मिली है। अभी थोड़े दिन की बात है कि बस्ती जिले में पिपरहवा के पास एक पुराना स्तूप था और उसकी खुदाई पीपी साहेब ने जो वहां के जमींदार हैं कराई थी। उसमें से एक डिब्बी के भीतर बुद्धदेव का धातु मिला था। उस पर के लेख से यह प्रमाणित होता था कि वह स्तूप शाक्यों ने बुद्ध देव के उस धातु पर बनाया था जो उन्हें मल्लराज के कुशनगर में बुद्धदेव की चिता के भस्म का अंश स्वरूप मिली थी। यह स्तूप कपिलवस्तु जनपद के मध्य बनवाया गया था। यद्यपि यह कवि अति प्रसिद्ध है कि अशोक ने आठों स्तूपों को तुड़वाकर भारतवर्ष भर में 84000 स्तूप बनवाने चाहे थे और सात स्तूपों को ध्वंस करके रामस्तूप को जो रामग्राम में था ध्वंस कराना चाहता था, पर किसी कारणवश उसे वह ध्वंस न करा सका और सातों स्तूपों के धातु को लेकर उसने भारतवर्ष में अनेक स्तूप बनवाए। इस कथा पर लोगों का विश्वास भी बड़ा है पर या तो संभव है कि वह यही स्तूप हो जिसे अशोक ने नहीं तुड़वाया था और जिसे यात्रियों ने रामस्तूप लिखा, अथवा यदि वह यह नहीं कि कोई और स्तूप था, तो उसने सात क्या केवल छही स्तूपों को तुड़वाया और जब सातवें स्तूप पर जो रामस्तूप था पहुंचा तो उसे अनेक अड़चनें पड़ीं और उसने उसे तथा शाक्यों के स्तूप नहीं तोड़वाए। पिपरहवा लुंबिनी से आठ मील पर है।

कपिलवस्तु के लुंबिनी कानन से पूर्व ओर 5 योजन चल कर दोनों यात्री राम नामक जनपद में पहुंचे। यहां के स्तूप के विषय में फाहियान ने अद्भुत कथा लिखी है कि इस देश के राजा ने बुद्धदेव के धातु के अंश पर जो स्तूप बनवाया था वह एक झील के किनारे था। उस झील में एक नाग रहता था, वही स्तूप की पूजा अर्चा करता था। अशोक सात स्तूपों का ध्वंस कर इस आठवें स्तूप को खुदाना चाहता था पर नाग ने जब उसे नागलोक में ले जाकर पूजा की सामग्री दिखाई तो वह दंग रह गया और उसने उस स्तूप को नहीं गिरवाया। वहां घना जंगल हो गया था और हाथी अपनी सूंडों में पानी भरकर स्तूप पर चढ़ाते और वहां सफाई करते थे। एक बार कहीं का कोई यात्री स्तूप के दर्शन के लिए आया, राह में उसे हाथियों का एक झुंड मिला। यात्री देखते ही भय के मारे पेड़ पर चढ़ गया और वहां से देखता रहा। हाथियों ने अपनी सूंड में पानी लाकर स्तूप पर छिड़का और फिर फूल तोड़ कर लाकर चढ़ाए। हाथियों का यह कृत्य देखकर उसे ग्लानि हुई। वह भिक्षु हो गया और वहां सफाई करके रहने लगा। फिर वहां के राजा से कह के वहां एक मठ उसने बनवाया और आप उस मठ का महंत बना। वहां तब से उसका महंत श्रमण हुआ करता है। यह कथा फाहियान ने किसी मठभिक्षु से सुनी, वा वहां के महंत से, इसका कुछ उल्लेख नहीं है। हुयेनसांग का कथन है कि इस स्तूप से प्रकाश निकलता था।

इस स्थान का पता अब तक नहीं लगा है। अधिक संभव है कि वह पिपरहवा का स्तूप हो, पर उसका अंतर केवल आठ मील मात्र है। क्योंकि आज तक वही एक स्तूप मिला है जिसमें बुद्ध देव का धातु उस समय से अब तक ज्यों का त्यों रखा मिला है। यदि वह नहीं है तो अधिक संभव जान पड़ता है कि वह गोरखपुर के कहीं आसपास में रहा हो। गोरखपुर के आसपास अनेक ताल भी हैं और स्वयं गोरखपुर के पास भी रामगढ़ का ताल और पास ही उस नाम का जंगल भी है। अधिक संभव है कि यह स्तूप यहीं कहीं रहा हो पर ध्वस्त हो जाने से अब उसका पता नहीं चलता। अनेक पुराने खंडहर भी वहां मिलते हैं।

रामग्राम से होकर 4 योजन पर फाहियान और तावचिंग को वह स्थान पड़ा जहां से सिद्धार्थ ने कपिलवस्तु से गृह त्याग कर जाते समय अपने घोड़े को जिसका नाम कंठक था छेदक के हाथ कपिलवस्तु को लौटाया था। वहां पर एक स्तूप था। इस स्थान का भी पता अब तक नहीं चला है।

वहां से 4 योजन और पूर्व जाकर अंगार स्तूप मिला। यह अंगार स्तूप बौद्ध धर्म के ग्रंथों के अनुसार पिप्पली कानन के मौर्यों का बनवाया स्तूप था। कुशनगर में बुद्धदेव के धातु का विभाग हो जाने पर वे पहुंचे थे तो द्रोणाचार्य ने उन्हें भस्म के विभक्त हो जाने पर पात्र से चिता के अंगारों (कोयलों) को निकाल कर दे दिया था। उसे लाकर उन लोगों ने स्तूप बनवाकर रखा। इस स्तूप का भी पता अब तक नहीं लगा है। संभव है कि अशोक के तोड़ाए हुए सातों स्तूपों की गणना में यह भी रहा हो। यदि यह ठीक है तब तो रामग्राम और कपिलवस्तु के ये स्तूप बच रहे थे। अंगार स्तूप नवम स्तूप था।

अंगार स्तूप से 12 योजन पूर्व जाकर कुशनगर मिला। यहां बुद्धदेव परिनिर्वाण प्राप्त हुए थे। यहां ही यती सुभद्र को उन्होंने सोते समय में उपदेश दिया था और वह अर्हत हो गया था। यहां फाहियान को अनेक स्तूप और संघाराम मिले। नगर उस समय उजाड़ पड़ा था, केवल कुछ तितर बितर श्रमणों के घर थे। यह वाक्य से ध्वनित होता है कि श्रमण गृहस्थ थे।[1] यह स्थान गोरखपुर कसबा के पास है। वहां अब भी एक स्तूप है और संघाराम के चिह्न मिलते हैं। पास ही बुद्धदेव की एक बड़ी लंबी मूर्ति है जो उत्तर को सिर और दक्षिण को पैर किए पड़ी है। वहां आसपास में अनेक स्तूपों के ध्वंस के चिह्न और मूर्तियां भी मिलती हैं।

कुशीनार से दक्षिण-पश्चिम 12 योजन चलकर यात्रियों को वह स्थान मिला जहां से बुद्धदेव ने लिछिवी लोगों को कुशनगर की ओर परिनिर्वाण में आते समय लौटाया था। यहां एक झील थी जिसके विषय में फाहियान ने लिखा है कि लिछिवी लोगों ने बुद्धदेव

1. नेपाल में गृहस्थ अब तक श्रमण हैं। वे बाड़व कहलाते हैं।

के साथ परिनिर्वाण-स्थान पर चलने की इच्छा की और बुद्धदेव ने न माना तो वे बुद्धदेव के साथ चले और नहीं लौटते थे, तब बुद्धदेव ने एक बड़ा ह्रद प्रगट किया जिसे पार न कर सके, फिर बुद्धदेव ने अपना भिक्षापात्र चिह्न स्वरूप देकर उन्हें घर लौटाया। इस जगह पर स्तंभ बना है। उस पर यह कथा खुदी है।

इस स्थान का और इस स्तंभ का पता अब तक नहीं चला है। संभव है कि अशोक ने वहां कोई स्तूप बनवाया हो पर उसका पता नहीं है। डा. ह्वे का यह अनुमान है कि यह सीवान के पास होगा।

लिछिवी लोगों के लौटने के स्थान से 10 योजन पूर्व चलकर फाहियान और उसका साथी वैशाली राज्य में पहुंचे। वैशाली नगर के उत्तर एक जंगल में बुद्धदेव के रहने का विहार था। नगर में अंबपाली का विहार उसे अच्छी दशा में मिला। नगर से दक्षिण अंबपाली का आराम और उत्तर-पश्चिम धनुर्बाण-त्याग स्तूप तीन तीन ली पर थे। नगर के पश्चिम जहां बुद्धदेव ने अंतिम समय वैशाली से चलने पर खड़े होकर यह कहा था कि "यह मेरी अंतिम विदा है" पुराना स्तूप था। धनुर्वाण-त्याग स्तूप के पास ही भगवान बुद्धदेव ने आनंद से यह कहा था कि मैं तीन महीने बाद परिनिर्वाण प्राप्त होऊंगा। उस स्थान से 4 ली पश्चिम वैशाली की धर्मसंगीति का स्थान था जहां बुद्धदेव के परिनिर्वाण के 100 वर्ष पीछे त्रिपिटक की पुनरावृत्ति की गई थी।

वैशाली नगर का खंडहर अब विहार में मुजफ्फरपुर जिले के हाजीपुर विभाग में वैसर गांव के निकट है। वहां अब तक अशोक का एक स्तंभ भी है। नगर के प्राचीर का चिह्न 1580 फुट लंबा और 750 फुट के घेरे में मिलता है।

वैशाली से पूर्व 4 योजन पर पांच नदियों का संगम पड़ा। यहां आनंद ने परिनिर्वाण लाभ किया था। नदी के मध्य ही आनंद ने अपने शरीर को योगाग्नि से भस्म किया था। उनके शरीर के भस्म का दो भाग हो गया जिसका एक भाग तो वैशाली के लिछिवी लोगों ने लेकर अपने राज्य में स्तूप बनवाया और दूसरा भाग मगध के राजा अजातशत्रु ले गए और उस पर अपने राज्य में उन्होंने स्तूप बनवाया। यह स्थान संभवतया वही स्थान है जहां सोनपुर है। वहां पर ही गंगा, सोन और गंडक आदि आपस में मिली हैं।

यहां फाहियान और उसका साथी गंगा पार हुए और एक योजन दक्षिण चलकर पाटलिपुत्र नगर में पहुंचे। पाटलिपुत्र का नगर पटने के पास था। यहां फाहियान ने अशोक के राजभवन को देखा। वह लिखता है कि "नगर में अशोक राजा का प्रासाद और सभाभवन हैं। सब असुरों के बनाए हैं। पत्थर चुनकर भीत और द्वार बनाए गए हैं। सुंदर खुदाई और पच्चीकारी है। इस लोक के लोग नहीं बना सकते हैं। अब तक वैसे ही हैं।" यहां उसने अशोक के एक भाई की कथा भी लिखी है जो अर्हत हो गया था और गृध्रकूट पर रहता था जिसके लिए राजा ने असुरों से नगर में पर्वत और गुहा बनवाई थीं। साथ ही उसने

राधास्वामी नामक एक ब्राह्मण बौद्ध का माहात्म्य और चरित भी लिखा है। फाहियान ने यहां एक ऐसे संघाराम का भी उल्लेख किया है जहां मंजुश्री नामक एक ब्राह्मण आचार्य रहता था और दूर दूर के लोग विद्याभ्यास के लिए यहां आते थे। यह संघाराम अशोक के स्तूप के पास था। इस देश की संपन्नता का वर्णन फाहियान ने इस प्रकार किया है, "मध्य देश में इस जनपद का यह सबसे बड़ा नगर है। अधिवासी संपन्न और समृद्धशाली हैं। दान और सत्य में स्पर्धालु हैं।" फाहियान ने यह भी लिखा है कि यहां बड़ी धूम धाम से रथयात्रा होती थी। रथयात्रा का प्रचार सारे देश भर में था। अशोक के पहले स्तूप के विषय में जो उसने पाटलिपुत्र में बनवाया था फाहियान ने लिखा है कि "पहला महा स्तूप जो उसने बनवाया नगर के दक्षिण 3 ली से अधिक दूरी पर है। इस स्तूप के सामने बुद्धदेव का पदचिह्न है। स्तूप के दक्षिण पत्थर का स्तंभ है। यह घेरे में चौदह पंद्रह हाथ और ऊंचाई में 30 हाथ से अधिक है। उस पर यह वाक्य खोदा हुआ है "अशोक राजा ने जंबूदीप चारों ओर के भिक्षुसंघ को दान कर दिया। फिर धन देकर ले लिया। यह तीन बार किया।" स्तूप के उत्तर 400 पग पर अशोक राजा ने 'नेले' नगर बसाया था। 'नेले' नगर में पत्थर का एक स्तंभ है। 30 हाथ से अधिक ऊंचा है। ऊपर सिंह है। स्तंभ पर नगर बसने का हेतु, वर्ष, तिथि और मास खुदा है।

पाटलिपुत्र का खंडहर वर्तमान पटना के पास महाशय रत्नताता के उद्योग से खुदाई करने पर निकला है। अभी कुछ अंशमात्र का आविर्भाव हुआ है, शेष मिट्टी के नीचे ही दबा पड़ा है। महाराज अशोक के राजभवन के कुछ अंश को जो निकला है, देख कर स्पूनर साहेब का यह मत है कि उसकी बनावट ईरान के महलों के ढंग की थी और इसी आधार पर मौर्यों को भी ईरानी कहने में उन्होंने कुछ संकोच नहीं किया है। इतना यहां कहने की आवश्यकता है कि अशोक ने अपने महलों के बनाने में दूर दूर के देशों से कारीगरों को बुलाकर काम लिया था। उसमें ईरान से यूनान तक के कारीगर लगे थे और अनेक प्राचीन वस्तुओं के नमूनों को लेकर उसका निर्माण कराया गया था। इसी से यात्रियों ने उसे असुरों का बनाया लिखा है। पाटलिपुत्र नगर का उल्लेख पुराणों में नहीं है। इसे मगध के महाराज अजातशत्रु ने गंगा और सोन के संगम पर बसाया था। पहले वहां लिछिवी लोगों के आगे बढ़ने को रोकने के लिए अजातशत्रु ने एक दुर्ग बनवाया था। दुर्ग उसके राजत्वकाल में पूरा बन गया था या नहीं यह नहीं कहा जा सकता पर नगर की पूर्ति उसके पुत्र उदयाण के काल में हुई। महाराज नंद के समय में मगध की राजधानी पाटलिपुत्र थी। धननंद को ध्वंस कर चाणक्य के उद्योग से चंद्रगुप्त मगधाधिप हुआ और उसने पाटलिपुत्र को अपनी राजधानी बनाया। तब से लगातार पाटलिपुत्र की श्रीवृद्धि होती गई। चंद्रगुप्त के पोते अशोक के समय में वहां अनेक भवन आदि और विशेषतया विहार और स्तूप बने । नेले नगर का पता अब तक नहीं चला है। अधिक संभव जान पड़ता है कि अशोक ने इस नगर

को उस समय बसाया हो जब वह बौद्ध धर्म की दीक्षा ले त्यागी बनकर अलग रहने लगा था। यह एक छोटा सा ग्राम था। इसके पास के स्तूप पर क्या खुदा था, ठीक उस गांव के बसाने का कारण और तिथि मिति लिखी थी वा नहीं, इसके विषय में हम कुछ नहीं कह सकते। अधिक संभव है कि उस स्तूप पर अशोक के धर्माभिलेख रहे होंगे जिसे फाहियान ने इस नगर के बसने का हेतु और तिथि मिति समझ लिया होगा। अशोक राजा के भाई का उल्लेख जो फाहियान ने किया है वह महेंद्र ही प्रतीत होता है और अधिक संभव जान पड़ता है कि उसी के संबंध से अशोक की बौद्ध धर्म पर प्रेम और श्रद्धा भक्ति हुई हो। उस समय फाहियान ने जो देश में औषधालयों और धर्मशालाओं का उल्लेख किया है वे संभवतया वे ही धर्मशालाएं और चिकित्सालय थे जिन्हें अशोक ने सारे राज्य में स्थापित किया था और जिनका उल्लेख अशोक के द्वितीय अनुशासन में है। उस समय उन चिकित्सालयों का व्यय राज्य की ओर से नहीं दिया जाता था किंतु श्रद्धालु सेठ और धनिक लोग ही उनके व्यय के लिए प्रबंध करते थे। जगह जगह सड़कों और मार्गों का उल्लेख जो फाहियान के यात्रा विवरण में पाया जाता है प्रायः उन्हीं राजमार्गों का निर्देशक जान पड़ता है जिन्हें अशोक ने अपने समय में राजभर में बनवाए थे और जिनका उल्लेख अशोक के अभिलेखों में है।

पाटलिपुत्र से फाहियान और तावचिंग दक्षिण-पूर्व की ओर चले। 9 योजन चलने पर एक पर्वत मिला। उस पर्वत की गुहा में देवराज शक्र ने भगवान बुद्धदेव के पास आकर बयालीस प्रश्न भूमि पर रेखा खींच खींच कर किए थे। फाहियान ने लिखा है कि लकीरें अब तक पत्थर पर बनी हैं और यहां पर एक संघाराम भी है। सुएनच्वांग ने इस गुहा का नाम 'इंद्रशील' गुहा लिखा है। यह स्थान गया से 36 मील पर पंचाना नदी के किनारे है। नदी के किनारे गिरियक गांव के पास एक पर्वत की दो चोटियां हैं जो नदी पर लटकी हुई हैं। इनमें जो अधिक उत्तर ओर की चोटी है उसकी माथी चौकोर है। उस पर अनेक खंडहर भी देख पड़ते हैं। शक्र के उन बयालीस प्रश्नों का विवरण कल्पसूत्र में था जिसका अनुवाद कश्यप मातंग ने चीन देश में जा कर 61 इसवी में चीनी भाषा में किया था। सूत्रपिटक में भी अनेक स्थानों पर शक्र के प्रश्नों के उत्तर जो बुद्धदेव ने दिए थे मिलते हैं। पर मुख्य ग्रंथ जिसमें इन बयालीस प्रश्नों के उत्तर के वर्णन हैं और जिसका अनुवाद कश्यप मातंग ने चीनी भाषा में किया था अब तक पाली वा संस्कृति में नहीं मिलता।

इंद्रशील गुहा से दक्षिण-पश्चिम एक योजन चलकर वे एक गांव में पहुंचे जिसका नाम 'नाल' लिखा है। यह सारिपुत्र का जन्म स्थान था और यहीं वह परिनिर्वाण भी प्राप्त हुआ था।

सारिपुत्र का निर्वाण बुद्धदेव के जीवनकाल ही में हो चुका था। कहते हैं कि जब बुद्धदेव से सारिपुत्र को यह मालूम हुआ कि लोकनाथ का परिनिर्वाण होने को है तो सारिपुत्र

ने निवेदन किया कि मैं यह घटना अपनी आंख से न देखूं। यह बात उसने बुद्धदेव से तीन बार कही और बुद्धदेव की अनुमति ले उनकी सौ बार परिक्रमा कर तथा तीन बार उनके चरण कमलों पर अपना मस्तक धर वह राजगृह की ओर परिनिर्वाण प्राप्त होने के लिए चला। नालंदा में पहुंचते पहुंचते वह परिनिर्वाण प्राप्त हुआ। सारिपुत्र का जन्मस्थान 'उपतिष्य' नामक ग्राम पाली ग्रंथों में लिखा है। संभव है कि नाल इसके पास ही का कोई ग्राम रहा हो अथवा 'नाल' ग्राम ही ग्राम उपतिष्य हो। अथवा नाल वह ग्राम हो जहां सारिपुत्र और मौद्गलायन अपने आचार्य के पास विद्याध्ययन करते रहे हों। नाल ग्राम को फाहियान ने गिरियक वा इंद्रशील पर्वत से दक्षिण-पश्चिम एक योजन पर लिखा है, और सुयेनच्वांग ने बुद्धदेव के बोधि वृक्ष से 7 योजन पर। लंकावालों के पाली ग्रंथों में बुद्धगया से नालंद एक योजन पर लिखा गया है। यद्यपि इन सब पर विचार करते हुए नालंद के स्थान को निश्चय करने में बड़ी कठिनाई पड़ती है, फिर भी नालंद का ठीक पता बहुत दिन हुए जनरल कनिंगहम साहब ने निश्चय कर दिया है। उसका खंडहर बडगौं गांव के पास वर्तमान है। यह 2600 फुट लंबाई और 400 फुट चौड़ाई में है। पूर्वकाल में वहां एक महाविद्यालय था जहां देश देशांतर के विद्यार्थी विद्याभ्यास के लिए आते थे। फाहियान ने वहां केवल एक स्तूप का उल्लेख किया है जो सारिपुत्र के निर्वाण के स्थान पर बना था। सुयेनच्वांग का कहना है कि नालंद में एक बड़ा विद्यालय था। वहां उसने शीलभद्र आचार्य से योग शास्त्र पढ़ा था। यहीं उसने अनेक धर्म ग्रंथों का अध्ययन किया और अनेक शंकाओं का समाधान कराया था। यहीं उसने व्याकरण शास्त्र और हिंदुओं के अन्य ग्रंथों का अध्ययन भी किया था। यह नालंद का प्रसिद्ध विश्वविद्यालय बिहार प्रांत में था और उसके खंडहर अब भी मिलते हैं।

नालंद से पश्चिम एक योजन चलकर दोनों यात्री नवीन राजगृह में पहुंचे। फाहियान ने इसे अजातशत्रु का बसाया लिखा है पर अन्य ऐतिहासकों का मत है कि इस नगर को महाराज विंवसार ने बसाया था ! चाहे अजातशत्रु ने इसे अपनी राजधानी बनाकर इसकी श्री की अधिक वृद्धि की हो पर इसकी नींव विंवसार ही की दी हुई प्रतीत होती है। इस नगर में दो संघाराम थे और नगर के बाहर पश्चिम द्वार से 300 पग पर एक सुंदर स्तूप था जिसे महाराज अजातशत्रु ने बुद्धदेव के उस धातु पर बनवाया था जो उसे कुशनगर में बांटे में मिला था। अधिक संभव है कि यह स्तूप उस समय ध्वस्तावशेष रहा हो। राजा अशोक ने अवश्य उसे गिरवा बुद्धदेव की धातु को निकलवा लिया होगा। नगर के दक्षिण द्वार से निकल कर दक्षिण ओर 4 ली पर पांच पर्वत के बीच का दून मिला। यह दून बिलकुल पर्वतों से परिवेष्टित है। इसी दून के बीच में प्राचीन राजगृह का नगर बसा था। महाराज विंवसार की पहले यही राजधानी थी। बुद्धदेव यहां प्रायः रहे थे। फाहियान का लिखना है कि यह नगर पूर्व-पश्चिम पांच छ ली और उत्तर-दक्षिण सात आठ ली लंबा चौड़ा था।

यहां अनेक ऐतिहासिक घटनास्थलों का उल्लेख फाहियान ने किया है, जिनमें जीवक का विहार मुख्य है। यह विहार नगर के उत्तर-पूर्व कोण में अंबपाली के बाग में उसके पुत्र जीवक का बनवाया हुआ था। यह वहां उस समय तक वर्तमान था। नगर यात्रियों को जनशून्य मिला। उस समय वहां कोई नहीं रहता था। अजातशत्रु अपने पिता से विरुद्ध होकर प्राचीन नगर को छोड़ नए राजगृह में रहता था, और जब वह अपने पिता को बंदी कर स्वयं उसके स्थान पर बैठा तो नवीन राजगृह को उसने अपनी राजधानी बनाया। फिर विंवसार के मरने पर रही सही प्राचीन राजधानी और अवनति को प्राप्त हो गई और नए राजगृह की शोभा वृद्धि होने लगी।

दून में जाकर यात्री गृधकूट पर्वत पर गए। उस पर्वत पर उन्हें दो गुहाएं मिलीं जिनमें बुद्धदेव और आनंद दोनों बैठकर ध्यान करते थे। बुद्धदेव की गुहा चोटी पर से तीन ली इधर को पड़ती थी और आनंद की गुहा इससे पश्चिमोत्तर दिशा में 30 पग पर थी। यात्री घाटी में घुसकर पर्वत के किनारे से पूर्व-दक्षिण ओर 15 ली चढ़कर गृधकूट पर पहुंचे थे। फाहियान ने लिखा है कि "आनंद उसमें बैठ ध्यान करता था। देवमार पिसुन गृध का रूप धर आया और कंदरा के सामने बैठा। उसने आनंद को डराया। बुद्धदेव (अपनी) अलौकिक शक्ति से जान गए। उन्होंने पत्थर फोड़कर अपना हाथ निकाला और आनंद का कंधा ठोका। तत्क्षरण भय जाता रहा। पक्षी का पद चिह्न और हाथ (निकालने) का दरार अब तक है। इसी से गृधकूट इसका नाम पड़ा।" यहां उसे चारों बुद्धों के बैठने के स्थान और अनेकों अर्हतों के ध्यान करने की गुफाएं मिलीं। वह लिखता है कि बुद्धदेव गुफा के सामने चक्रमण कर रहे थे। देवदत्त ने पर्वत के उत्तर के करारे से पत्थर चलाया। वह बुद्धदेव के पैर के अंगूठे में लगा। यह पत्थर अब तक है। लेगी साहेब ने नीचे टिप्पणी में लिखा है कि सुयेनच्यांग ने इस पत्थर को चौदह पंद्रह हाथ ऊंचा और 30 पग गोल वा मोटा लिखा है। पर हमने तो सारा सुयेनच्यांग का विवरण उलट मारा कहीं इसका पता तक न चला। हमीं को क्या प्रोफेसर समद्दार को भी इसकी सत्यता की कहीं गंध नहीं मिली है और न उन्होंने अपने बंगला अनुवाद में इसे टिप्पणी ही में लिखा है। फाहियान ने इस पर्वत के विषय में लिखा है कि "इस पर्वत का शिखर हरा भरा और खड़ा है। यह पांचों पर्वतों में सबसे ऊंचा है।" यहां फाहियान ने बुद्धदेव का धर्मोपदेश मंडप देखा। वह गिर गया था और केवल ईटों की नींव मात्र रह गई थी। यहां उसने बुद्धदेव के पदचिह्न की पूजा पुष्प धूप दीप से की। रातभर दीप जलाया। सुरंगम सूत्र गाया और रातभर रहकर वह नए नगर को लौट गया।

प्राचीन नगर से चलकर वे करंड-वेणुवन विहार में गए। वेणुवन विहार वहां से उत्तर ३00 पग पर सड़क के पश्चिम ओर था। वहां कुछ भिक्षु रहते थे। वे ही विहार की सफाई करते थे। करंडवन विहार से फिर एक श्मशान से हो कर पिप्पल गुहा में गए। इस गुहा

में भगवान बुद्धदेव भोजनांतर बैठकर ध्यान किया करते थे। वहां से पश्चिम पांच छह ली पर एक और गुहा पड़ी जिसको सातपर्णी गुहा कहते थे। इस गुहा में बुद्धदेव के परिनिर्वाण के अनंतर 500 अर्हतों ने पिटक का संग्रह किया था। 500 में एक अर्हत की कमी थी। आनंद उस समय अर्हत नहीं हुआ था। वहां एक स्तूप बना था। फाहियान ने लिखा है कि "पूर्व के किनारे बहुत से अर्हतों के बैठकर ध्यान करने की अनेक गुफाएं हैं। उसे पुराने नगर से पश्चिम निकल कर तीन ली पर देवदत्त की गुफा मिली और उससे 50 पग पर एक बड़ी चौकोर शिला मिली जिसपर एक भिक्षु ने शरीर को अनित्य दुखमय और निसार समझ कर आत्महत्या कर ली थी और अपना गला एक छुरी से काट डाला था। वह अर्हत होकर निर्वाण पद को पहुंचा था।"

ये सब स्थान राजगृह के आसपास के पर्वतों में हैं। यहां यात्री कई दिन तक रहे थे और उन्होंने अनेक दर्शनीय स्थानों का दर्शन किया था।

राजगृह का खंडहर पटना जिला के बिहार विभाग में है। प्राचीन राजगृह का नाम कुशनगरपुर था। सुयेनच्वांग ने इसे "किउशीलो पुलो" लिखा है। पुराणों में इसे गिरिव्रज लिखा गया है। गिरिव्रज का अर्थ पहाड़ों के बीच का दून है। यह पांच पर्वतों के मध्य बसा हुआ था। इन पांच पर्वतों में एक वैभर की पहाड़ी है जिसे सातपर्णी गुफा के नाम से चीनी यात्रियों ने लिखा है। इसी का नाम पाली ग्रंथों में वैभर गिरि है। दूसरा पर्वत रत्नगिरि है इसे फाहियान ने पिप्पल गुहा लिखा। इसी को महाभारत में 'ऋषिगिरि' और पाली ग्रंथों में पंडव नाम से लिखा गया है। तीसरे पर्वत का नाम विपुल है। इसे महाभारत में चैत्यक और पाली ग्रंथों में वेपुल्लो लिखा है। शेष दो छोटे छोटे पर्वत हैं।

प्राचीन राजगृह के चिह्न 5 मील के घेर में अब तक विद्यमान हैं। डाक्टर घुकनन की सम्मति है कि दुर्ग में पश्चिमोत्तर के कोने में नगर बसा था। दक्षिण-पश्चिम दिशा में एक नए दुर्ग के चिह्न मिलते हैं, जिसके किनारे पत्थर का प्राचीर बना था। पूर्व और उत्तर दिशा में परिखा नहीं है। किंतु 12 हाथ मोटी पत्थर की दीवार है। पूर्व दिशा से प्रवेश का अवरोध एक मोटी सुदृढ़ पत्थर की दीवार से किया गया था, जो 13 हाथ मोटी थी और टेढ़ी मेढ़ी हो कर दक्षिण के पर्वत से मिल गई थी। भीतर दुर्ग 600 गज के घेरे में था। नगर के दक्षिण कुछ पत्थर पर खुदा हुआ है जिसे आज तक लोग नहीं पढ़ सके हैं। नवीन राजगृह प्राचीन राजगृह से पौन मील उत्तर दिशा में है।

उस पत्थर से जहां पर भिक्षु अपना गला काटकर अर्हत हो निर्वाण प्राप्त हुआ था पश्चिम चार योजन चलकर दोनों यात्री गया में पहुंचे। नगर के भीतर सुनसान और उजाड़ मिला। वहां से दक्षिण 12 ली पर वह स्थान मिला जहां बुद्धदेव ने 6 वर्ष तक घोर तपश्चर्य्या की थी। वहां उस समय घोर जंगल था। उस जंगल से पश्चिम 3 ली पर वह जलाशय पड़ा जहां बुद्धदेव तपश्चर्य्या त्यागकर स्नान करने के लिए गए थे और निर्बलता के कारण

निकल कर किनारे पर चढ़ते समय गिर पड़े थे और बड़ी कठिनाई से एक वृक्ष की शाखा पकड़कर बाहर निकले थे। फाहियान ने लिखा है कि "एक देवता ने वृक्ष की डाली झुकाई थी।" उससे उत्तर 1 ली पर वह स्थान पड़ा जहां गांव की लड़कियां बुद्धदेव को खीर खाने के लिए दे गई थीं। उससे भी उत्तर 2 ली पर वह स्थान पड़ा जहां वृक्ष के नीचे पूर्वाभिमुख पत्थर की शिला पर बैठकर उन्होंने खीर खाई थी। फाहियान ने लिखा है कि वृक्ष और शिला अब तक हैं। शिला की लंबाई चौड़ाई 6 हाथ और ऊंचाई 2 हाथ है। उस स्थान से आधा योजन पूर्वोत्तर पर एक कंदरा मिली जिसमें बुद्धदेव ने बैठकर अपने बोधिज्ञान लाभ करने के विषय में सगुन विचारा था। वहां पर शिला की छाया देख पड़ी थी। फाहियान लिखता है कि वह "तीन हाथ से अधिक ऊंची अब तक चमकती है"। यहां देवताओं से यह सूचना पाकर कि यह वह स्थान नहीं है जहां बुद्ध लोग बोधिज्ञान प्राप्त करते हैं बुद्धदेव आगे चले। देवताओं के मार्ग दिखलाने पर वे वहां से पश्चिम ओर बोधिद्रुम की ओर चले थे। मार्ग में 30 पग पर जाकर उन्हें किसी कुश उखाड़नेवाले ने कुश के पूले दिए थे। फाहियान ने लिखा है कि यह भी एक 'देवता' था। फिर आगे 15 पग जाने पर फाहियान का कहना है, "500 हरे पक्षी उड़ते हुए आए, बोधिसत्व की तीन परिक्रमा की, और चले गए।" हरे पक्षी से संभवतया उसका अभिप्राय तोतों से जान पड़ता है क्योंकि वहां तोते प्रायः धांग बांधकर उड़ते हैं। फिर बोधिद्रुम मिला। फाहियान ने उसे 'पत्र' वृक्ष लिखा है। संभवतया यह 'चलपत्र' होगा। संस्कृत भाषा में 'चलपत्र' पीपल के वृक्ष को कहते हैं। यहीं पर मार ने उनके बोधि ज्ञान के प्राप्त करने में विध्न डालना चाहा था पर वह परास्त होकर भागा था और यहीं उन्हें बोधिज्ञान लाभ हुआ था। इन स्थानों पर स्तूप बने थे और मूर्तियां स्थापित थीं। फाहियान का कहना है कि "वे अब तक हैं।" बोधिज्ञान लाभ करने के स्थान पर उसे तीन संघाराम मिले और सब में भिक्षु थे। बुद्धदेव के अनेक लीलास्थलों पर जैसे चक्रमण स्थान, ध्यानस्थानादि पर स्तूप बने थे। भिक्षुओं के विषय में फाहियान का कथन है, "भिक्षुसंघ सब आवश्यक पदार्थ दे देते हैं किसी प्रकार की कठिनाई नहीं होती। विनय का यथार्थ पालन करते है। बैठने उठने और संघ में जाने के आचार व्यवहार उसी नियम के अनुसार हैं जैसे बुद्धदेव के समय में थे। संघ 1000 वर्ष से अब तक चला आ रहा है।" वहां दक्षिण तीन ली पर कुक्कुट पाद वा गरुड़पाद पर्वत पड़ा। यहां महाकश्यप का स्थान था। फाहियान ने लिखा है कि महाकश्यप अब तक इस पर्वत में रहते हैं। वे पर्वत की दरार में प्रवेश कर गए हैं। प्रवेश के स्थान में मनुष्य की समाई नहीं है। नीचे जाकर दूर किनारे पर एक बिल है। कश्यप सदेह उसमें (रहते) हैं। वहां की मिट्टी के विषय में फाहियान ने लिखा है कि 'बिल पर कश्यप ने हाथ धोया था। आसपास के लोगों के सिर में घाव लगता है तो यहां की मिट्टी लगाकर वे चंगे हो जाते हैं।' यह बात उसने सुनी सुनाई लिखी है जो वहां के भिक्षुओं ने कही होगी। पर्वत में उसने अनेक अर्हतों का रहना लिखा है। उसका

कथन है कि "आसपास के सारे जनपद के बौद्ध लोग साल साल कश्यप की पूजा आकर करते हैं। धर्म के श्रद्धालुओं के पास रात को अर्हत आते हैं, बातचीत करते हैं, शंका समाधान करते हैं और अंतर्धान हो जाते हैं।" यह बात वैसी ही जैसे अब तक लोग झूसी और गिरनारादि के सिद्ध के विषय में कहा करते हैं वा हरिद्वारादि के महात्माओं के विषय में गढंत गढ़ते हैं पर आज तक वे किसी को नहीं मिले। लोग सीधे सादे लोगों को इस प्रकार की बातों में फांसकर अपना स्वार्थ साधा करते हैं वा आतंक और महत्व जमाते हैं। यदि तनिक भी यह कह दो कि यह असंभव है वा मिथ्या है, फिर क्या है, आप नास्तिक हैं, विधर्मी हैं, यह कलियुग है इन बातों से ही तो यह दुर्दशा है, इत्यादि अनेक प्रकार की बौछार होने लगती हैं। खेद का विषय है कि ऐसी बातें कहनेवाले अपने आचरणों की ओर तनिक भी दृष्टिपात नहीं करते कि वे कितने कलुषित और वंचकता से भरे हैं जिनसे बेचारे यात्रियों के आचरण और उनकी बातों को न माननेवालों की चाल ढाल कहीं पवित्र और सरल है। हाय ! ऐसे ही लोगों की चाल से पवित्र तीर्थों की महिमा दिनों दिन घटती जा रही है। ये लोग सुंदर फल के कांटे हो रहे हैं जिनके भय से कोई अपने पवित्र तीर्थ स्थानों और प्राचीन पीठों को जाकर आनंदपूर्वक उनका दर्शन भी नहीं कर सकता।

ये सब स्थान बोधगया के आसपास के हैं जिनके खंडहर अब तक बोधगया में वर्तमान हैं। हर्ष पर्वत और शोभानाथ के मध्य, तथा कुर्कीहार से सात मील उत्तर पूर्व में बौद्धों के अनेक खंडहरों के चिह्न हैं। जेठियां, कोंच, डोंगरा पहाड़ी में भी अनेक खंडहर मिलते हैं। गुनेरी में बुद्ध की अनेक मूर्तियां हैं और एक संघाराम के चिह्न मिलते हैं। इनके अतिरिक्त अन्यत्र भी संघारामों, गुफाओं और विहारों के चिह्न मिलते हैं।

गुरुप्पा वा गरुड़पाद से फाहियान पाटलिपुत्र की ओर फिरा और गंगा के किनारे पश्चिम उत्तर दिशा में 10 योजन पर उसे 'अनालय' नामक विहार मिला। यह अनालय बलिया के आसपास में था। बलिया के गजटियर में लिखा है कि फाहियान ने जिसे अनालय वा आरण्य और सुएनच्वांग ने जिसे अविद्धकरण लिखा है वह स्थान बलिया नगर के पास था और अब 'ओयना' कहलाता है। यहां खंडहर है। पर कारलायल ने इसे गड़हा परगना में नारायणपुर मानने पर बल दिया है। जान पड़ता है कि तावचिंग गरुड़पाद से थोड़ी दूर साथ चलकर पाटलिपुत्र को चला गया वा गया ही में रह गया। फाहियान ने स्वयं छत्तीसवें पर्व में लिखा है कि तावचिंग जब मध्य प्रदेश में पहुंचा ओर उसने श्रमणों को देखा तथा उसे संघ का उत्कृष्ट आचार व्यवहार और बात बात में विनय का अनुसरण मिला तो तावचिंग को चीन के भिक्षुसंघ के अधूरे और विच्छिन्न विनय का स्मरण आया। उसने शपथ करके कहा कि अब से जब लों बुद्ध न होऊ प्रांत की भूमि में जन्म न लूं। फिर वह वहीं रह गया और न लौटा। ये बातें देखकर यह दृढ़ विश्वास होता है कि तावचिंग पाटलिपुत्र कदापि नहीं गया अपितु बोधगया में ही रह गया था, जहां के बोधिज्ञान प्राप्त होने के संघाराम

के भिक्षुओं के विषय में स्वयं फाहियान 31 पर्व में यह लिख चुका है कि वे 'विनय का यथार्थ पालन करते हैं। बैठने उठने और संघ में जाने के आचार व्यवहार उसी नियम के अनुसार हैं जैसे बुद्धदेव के समय में थे। संघ 1000 वर्ष हुए अब तक चला आ रहा है।' वहीं पर तावचिंग का ऐसा संकल्प करके कि जब तक बुद्ध न होऊं प्रांत की भूमि में जन्म न लूं रह जाना युक्तियुक्त प्रतीत होता है। अस्तु।

अनालय से गंगा के किनारे चलकर फाहियान को वाराणसी जनपद का नगर काशी मिला। नगर से पश्चिम 10 ली पर ऋषि पतन मृगदाव का विहार था। यहीं पर भगवान बुद्धदेव ने धर्मचक्र प्रर्वतन किया था। यहां उसे अनेक स्तूप मिले, वे स्तूप उस समय तक थे। भीतर दो संघाराम थे। उनमें श्रमण रहते थे।

वाराणसी जनपद का नगर उस समय काशी ही कहलाता था। काशी के पास ही मृगदाव था। फाहियान ने मृगदाव को नगर से दस ली उत्तर पूर्व लिखा है। मृगदाव को अब सारनाथ कहते हैं। नगर का कुछ विशेष वर्णन न लिखने से जान पड़ता है कि वह काशी में नहीं आया था। सारनाथ में अब भी 'धमेख' अर्थात धर्मचक्र स्तूप है। वहीं एक संघाराम का चिह्न भी है। आसपास अनेक छोटे छोटे स्तूपों के चिह्न हैं। यहां उसने अनेक स्तूप देखे।

वाराणसी का वर्णन करने के साथ ही फाहियान ने कुछ वर्णन कौशांबी का और विशेष वर्णन दक्षिण का किया है। कौशांबी में उसने गोक्षीर विहार का उल्लेख किया है। पाली बौद्ध ग्रंथों से यह पता चलता है कि कौशांबी में गोशित, कुक्कुट और पावरिक नाम के तीन वैश्य थे। ये तीनों श्रावस्ती में बुद्धदेव के पास उन्हें चातुर्मास्य के लिए निमंत्रित करने गए थे। इन लोगों ने उनके लिए एक विहार बनवाया था। विहार का नाम पाली ग्रंथों में कुक्कुटाराम लिखा है। उनकी प्रार्थना पर बुद्धदेव ने अपना नवां चातुर्मास्य कौशांबी में कुक्कुटाराम में किया था। जान पड़ता है कि फाहियान ने उसी को गोशीत का विहार लिखा हो जो उच्चारण-भेद से गोसिर, गोछीर, वा गोक्षीर हो गया हो। कौशांबी का खंडहर अब तक इलाहाबाद के जिले में जमुना के किनारे है। उस स्थान को जहां पर खंडहर हैं अब 'कोसम' कहते हैं। वहां दो गांवों में, जिन्हें कोसम-इनाम और कोसम-खिराज कहते हैं खंडहर मिलते हैं। वहां एक स्तूप भी था। फाहियान ने कौशांबी के संबंध में केवल एक गौशिर वा 'गोक्षीर' विहार का ही उल्लेख किया है पर सुयेनच्वांग ने लिखा है कि यहां दस संघाराम हैं। यहां 300 भिक्षु रहते हैं। नगर के भीतर एक पुराना मंदिर है जिसमें बुद्धदेव की एक मूर्ति है जो चंदन की बनी हुई है। उस पर पत्थर का एक छत्र है जिसे उदयन राजा ने बनवाया था। भवन के दक्षिण एक भवन का खंडहर है। यह गोशिर के रहने का घर है। नगर से थोड़ी ही दूर पर दक्षिण ओर एक विहार है जिसे गोशिर के नाती ने बनवाया था। इसमें 200 फुट ऊंचा स्तूप है। इसे अशोक राजा ने बनवाया था। इस स्तूप के दक्षिण एक दोतला स्तूप है। वहां बसुबंधु ने (न्याय) विद्या-सिद्ध शास्त्र रचा था। इसके दक्षिण आम

का एक बाग है। वहां एक खंडहर है। वहीं पर 'असंग' ने एक और शास्त्र रचा था जिसका नाम प्रकरण-वाक्य-शास्त्र-कारिका था। इस से भी यह अनुमान दृढ़ होता है कि फाहियान कौशांबी नहीं गया था, केवल सारनाथ में जो कुछ यात्रियों से सुना और उसमें जितना वह समझ सका उसने लिख दिया है। इसके अतिरिक्त यक्ष को भगवान बुद्धदेव ने जहां उपदेश दिया था उस स्थान को फाहियान ने कौशांबी से 8 योजन पर लिखा है पर वह स्थान जनरल कनिंगहाम साहब के अनुमान से 'पभोसा' है, जो 'कोसम' से केवल चार मील पश्चिम ओर है। इसके अतिरिक्त यदि फाहियान कौशांबी की ओर सचमुच गया होता तो अधिक नहीं तो कुछ न कुछ प्रयाग का अवश्य उल्लेख करता क्योंकि सारनाथ से कौशांबी जाते हुए उसे प्रयाग अवश्य मार्ग में पड़ता।

दक्षिण का वर्णन तो उसने अश्रुतपूर्व ही किया है। कश्यप बुद्ध के पारावत विहार का वर्णन 'न भूतो न भविष्यति' है। यह तो देखने से चंडूखाने की गप्प ही प्रतीत होता है। यह कुछ उस वर्णन से कम नहीं है जो आज से चालीस पचास वर्ष पहले बंगाल और कामरूप से लौटे हुए यात्री वहां के मंत्र यंत्र के विषय में किया करते थे। यह अनुमान होता है कि दक्षिण की बातें उसने दक्षिण के किसी यात्री से सुनकर लिखी हैं और वह यात्री भी सामान्य मनुष्य नहीं था, कोई महाधूर्त था जिसने एजंटा की गुहा वा दक्षिण के किसी अन्य प्राचीन मंदिर को देखा था वा उसके वर्णन को किसी अन्य से सुन के सीधे सादे विदेशी भिक्षु के लिए वर्णन किया था।

फाहियान वाराणसी से पूर्व ओर लौटकर पाटलिपुत्र चला आया। इस वाक्य से भी यही स्पष्ट सिद्ध होता है कि फाहियान कौशांबी नहीं गया था और उसने जो कुछ वहां के विषय में लिखा है वह सुनी सुनाई बात है।

फाहियान के भारतवर्ष आने का मुख्य उद्देश्य धर्मग्रंथों की प्रतियों का संग्रह करके उन्हें अपने देश ले जाना ही था। पांच साथियों में दो मध्य देश तक पहुंचे थे। पाटलिपुत्र में लौटकर उसने प्रतियों की खोज करना प्रारंभ किया। जहां उसने देखा सब जगह मौखिक शिक्षा आचार्य लोग गुरुपरंपरा से देते चले आते थे। वह बड़े दुख से लिखता है कि "इतनी दूर चलकर मध्य हिंदुस्तान आया। यहां महायान के संघाराम में एक निकाय का विनय मिला अर्थात महासंघिक निकाय का विनय।" फाहियान ने अट्ठारह निकायों का उल्लेख किया है। इसे भ्रमवश अनुवादकों ने 'संप्रदायः' लिखा है। बौद्धों में निकाय वैसे ही हैं जैसे हिंदुओं में वेदों की शाखाएं। जिस प्रकार प्रत्येक शाखा की संहिता और ब्राह्मण पृथक पृथक हैं और कितनी शाखाओं में संहिता एक होते हुए भी ब्राह्मण में भेद है, यदि संहिता और ब्राह्मण एक हैं तो उनके श्रौत-स्मार्त सूत्र में भेद हैं, वैसे ही बौद्धों के निकाय थे। निकाय दर्शन-भेद नहीं थे किंतु कर्मकांड के भेद थे। बौद्ध धर्म में मुख्य निकाय चार थे। उन्हीं के भेद अट्ठारह होकर अट्ठारह निकाय कहलाते थे। वे चारों मुख्य निकाय ये थे—

1. 'आर्य संघिक' निकाय—इस निकाय के आवांतर भेद सात हो गए थे जो अलग अलग निकाय के नाम से प्रख्यात थे।
2. 'आर्यस्थविर' निकाय—इसके भी आवांतर निकाय तीन थे।
3. 'आर्यसम्मति' निकाय—इसके चार आवांतर निकाय थे।
4. 'आर्य सर्वास्तिवाद्' निकाय—इसके भी चार आवांतर निकाय थे।

ये ही आवांतर निकाय उस समय अट्ठारह निकाय कहलाते थे। इनके विनय में भी कुछ क्रमभेद, पाठभेद और क्रिया-कलाप भेद था। इन चारों निकायों के त्रिपिटक के श्लोकों की संख्या भी निम्नलिखित थी—

1.	आर्य संघिक निकाय	100000
2.	आर्यस्थविर निकाय	100000
3.	आर्यसम्मति निकाय	200000
4.	आर्यसर्वास्तिवाद् निक ग	ज्ञात नहीं।

पटने में रहकर फाहियान ने विनय पिटक की बड़ी खोज की और बड़ी कठिनाई से उस यहां निम्नलिखित ग्रंथ हाथ आए—

1. 'महासंघिक निकाय' का 'विनय पिटक'
2. एक और अज्ञात निकाय का विनय (नाम नहीं दिया है)
3. 'सर्वास्तिवाद् निकाय' का विनय पिटक
4. संयुक्त धर्म हृदय
5. एक और अज्ञात निकाय का सूत्र पिटक
6. परिनिर्वाण वैपुल्य सूत्र
7. महासंघिक निकाय का "अभिधर्म पिटक"

पटने में रहकर फाहियान ने केवल ग्रंथों का संग्रह ही नहीं किया अपितु तीन वर्ष वहां रहकर उसने संस्कृत के ग्रंथों का अभ्यास किया और विनय पिटक की प्रतिलिपि की।

संस्कृत भाषा में ज्ञान प्राप्त कर तीन वर्ष के बाद फाहियान ने जब देखा कि 'तावचिंग' अब अपने देश न जायेगा तो वह गंगा के किनारे किनारे पूर्व दिशा में चला, कि समुद्र से होकर अपने देश को लौट जाए। 18 योजन पर उसे गंगा पार करने पर चंपा का देश मिला। वहां बुद्धदेव के चंक्रमण स्थान पर विहार था। उसमें उसे भिक्षु मिले। वहां अन्य बुद्धों के चंक्रमण स्थान भी थे जहां स्तूप बने थे।

चंपा जनपद भागलपुर जिले के आसपास था। उसकी राजधानी 'चंपा' अब तक भागलपुर में चंपा नगरी के नाम से कहलाती है। प्रत्नतत्वविदों के अनुसंधान से चंपा नगरी ही चंपा की प्राचीन राजधानी सिद्ध होती है। वहां खंडहर भी है।

चंपा से पूर्व 50 योजन जाकर फाहियान "तांबलिप्ति" जनपद में पहुंचा। वहां बंदर

था। फाहियान ने लिखा है कि इस जनपद में 24 संघाराम हैं और श्रमण रहते हैं। बौद्ध धर्म का भी अच्छा प्रचार है। यहां फाहियान ने दो वर्ष और ठहर कर सूत्रों की प्रतिलिपि का संभवतया अनुवाद किया और मूर्तियों का चित्र बनाया।

यह ताम्रलिप्त वही स्थान है जहां अब बंगाल में "तमलुक" है। तमलुक मिदनापुर जिले में है। सुयेनच्वांग के समय में समुद्र वहीं था। गंगा की भाठ से इतने दिनों में समुद्र तमलुक से 60 मील पर चला गया है। यहां से बाहर को व्यापारियों की नौकाएं जाया आया करती थीं। लंका, जावा, स्याम आदि देशों से यहां से व्यापार होता था। यहां बौद्ध धर्म का उस समय अच्छा प्रचार था। सुयेनच्वांग के समय तक नगर में दस संघाराम थे। बौद्ध काल की मुद्रा वहां अब तक मिलती है।

ताम्रलिप्त में दो वर्ष रहकर फाहियान एक व्यापारी की नाव पर चढ़कर दक्षिण पश्चिम ओर चला। उस समय जाड़े की ऋतु का प्रारंभ था। चौदह दिन में वह सिंहल देश में पहुंचा। वहां जाकर उसे मालूम हुआ कि सिंहल हिंदुस्तान (तमलुक) से 700 योजन पर है।

सिंहल देश के विषय में जो पुरानी बातें उसने लिखी हैं वे वही हैं जो महावंश में हैं वा जिन्हें हम लोग बचपन में अपने पूर्वजों से सुनते आए हैं। उन्हें दुहराने की यहां आवश्यकता नहीं है। सिंहल के किनारे फाहियान ने अनेक टापुओं का होना लिखा है और यह भी लिखा है कि अनेक स्थलों पर मोती निकाले जाते हैं और दस मोतियों में से 3 मोती राजा लेता है। सिंहल देश के विषय में फाहियान ने लिखा है कि राजा ब्राह्मणों के धर्म का पालन करता है। नगर के भीतर के लोगों में (धर्म पर) श्रद्धा और विश्वास का भाव अधिक है। जनपद के शासन के प्रतिष्ठित होने से ईति, दुर्भिक्ष, विप्लव और अव्यवस्था नहीं हुई है। भिक्षुसंघ के कोश में अनेक बहुमूल्य रत्न और अमूल्य मणि हैं। राजा को कोश में जाने और देखने का निषेध है। भिक्षु भी चालीस वर्ष वेष में न रहा हो तो (वह भी) घुसने नहीं पाता। नगर में अनेक वैश्य श्रेष्ठ (सेठ) और सावा व्यापारी बसे हैं जिनके घर सुंदर और भव्य हैं। गली और रास्ते साफ सुथरे रहते हैं। सड़कों के चतुष्पथों पर धर्मोपदेश के लिए स्थान बने हैं। महीने में अष्टमी चतुर्दशी और पंचदशी (अमावस्या और पूर्णिमा) के दिन आसन बिछता है, ऊंची गद्दी लगती है, चारों ओर के गृही यती इकट्ठे होते हैं, धर्म चर्चा सुनते हैं। इस जनपद के लोग कहते हैं कि यहां सब 60000 भिक्षु रहते हैं जिन्हें संघ के भंडार से भोजन मिलता है। राजा का भी नगर में सत्र है, पांच छह हजार लोगों को धर्मार्थ भोजन मिलता है। संघ के भंडार में कमी होती है तो बड़ा भिक्षापात्र उठा कर जाते हैं—जितना आता है लेते हैं—भर जाने पर लौटते हैं। सिंहल में बुद्धदेव का एक दांत है। उसकी वहां प्रति वर्ष रथयात्रा निकलती है। बड़ी धूमधाम होती है। उसके विषय में फाहियान ने लिखा है कि "बुद्धदेव का दांत निकलता है, सड़क के बीच से होकर जाता है, सब ओर से पूजा चढ़ती है, अभयगिरि (विहार) में पहुंचता है, बुद्धदेव के मंदिर में यती गृही एकत्र रहते हैं,

धूप जलाते, दीप प्रज्वलित करते, और नाना विधि से उपचार करते हैं, यह दिन रात बंद नहीं होता, 90 दिन पूरे होने पर दांत नगर के भीतर के विहार को लौटता है। विहार में उपवसथ के दिन आने पर पट खुलता है, यथाविधि प्रणिपात होता है।" गिरि विहार का वर्णन करते हुए फाहियान कहता है कि "नगर के उत्तर के पदचिह्न पर राजा ने एक वृहतस्तूप बनवाया–400 हाथ ऊंचा, सोना चांदी और सर्वरत्न जटित है। स्तूप के पास एक संघाराम बनवाया था, नाम अभयगिरि–5000 श्रमण रहते हैं। यहां बुद्धदेव का एक मंडप भी है। उस पर सोने चांदी और पच्चीकारी का काम है, सर्वत्र रत्न लगे हैं। मध्य में हरित नील मणि (लाजवर्त) की एक प्रतिमा है जो 20 हाथ ऊंची, सर्वांग सप्तरत्न से देदीप्यमान प्रशांत भावयुक्त--वाणी से वर्णनातीत है, दाहिने कर में एक अमूल्य मुक्ता है।"

इसी मंदिर में एक बार फाहियान को जब वह अत्यंत दुखी हुआ, क्योंकि वहां वह नितांत अज्ञात और अपरिचित था किसी की बात को नहीं समझता था, सब अपरिचित थे, एक चीनी व्यापारी मिला जो रेशमी पंखा चढ़ा रहा था। फाहियान लिखता है कि उसे देख "विवशतः आंसू भर आए और आंखों से टप टप गिरने लगे।" यहां उसने एक अर्हत का भस्मांत संस्कार देखा। वह अर्हत नगर के दक्षिण 7 ली पर 'महाविहार' में रहता था। यहां उसने एक और हिंदुस्तानी बौद्ध पंडित को कथा करते सुना था कि बुद्धदेव का भिक्षापात्र पहले वैशाली में था, अब गांधार में है, इतने वर्ष में अमुक स्थान पर जाएगा, फिर वहां से अमुक देश में इत्यादि। उसके व्याख्यान को फाहियान ने कोई सूत्र ग्रंथ समझा था और वह उसे झट लिखने को तैयार हो गया था, पर जब उस पंडित ने कहा कि यह कोई सूत्र नहीं यह मेरी व्याख्या है तो चुपका रह गया और लिखा नहीं। उसे वर्षों की संख्या भी भूल गई।

फाहियान सिंहल में दो वर्ष रहा। वहां उसे ढूंढ़ने से निम्नलिखित चार पुस्तकों की प्रतियां मिलीं–

1. 'महीशासक निकाय'- का विनय पिटक
2. दीर्घागम
3. संयुक्तागम
4. संयुक्तसंचय पिटक–(संभवतया क्षुद्रक पाठ)

इन पुस्तकों को लेकर फाहियान एक व्यापारी नाव पर सवार हुआ। वायु सानुकूल मिली पर, दुर्भाग्यवश तीन दिन चलकर तूफान आया, नाव में पानी भरने लगा, कहीं नाव में छेद हो गया था पर पता नहीं चलता था। सब लोग घबड़ा उठे। व्यापारी भाग भाग कर छोटी नाव में, जो उस बड़ी नाव के साथ लगी थी, भरने लगे। जो लोग उसमें पहले पहुंच गए, इस भय से कि कहीं अधिक लोग भर गए तो इस नाव के भी डूबने की आशंका होगी, उन्होंने रस्सी को काट दिया और छोटी नाव बड़ी से अलग हो गई। सब यात्री घबड़ा

गए, बुद्धि ठिकाने न रह गई। भारी भारी गठरी उठाकर समुद्र में फेंकने लगे, फाहियान ने भी अपना गगरा लोटा और अन्य असबाब समुद्र में फेंक दिया। वह बहुत भयभीत हुआ, मन ही मन डरता था कि कहीं लोग उसे वह गठरी भी समुद्र में फेंकने को बाध्य न करें जिसमें उसके सारे श्रम के फलस्वरूप विनय पिटक और सूत्रों की प्रतियां बंधी हैं अथवा कोई बलपूर्वक छीनकर कहीं समुद्र में उन्हें फेंक न दे। फाहियान लिखता है कि "हृदय में अवलोकितेश्वर का ध्यान किया, हान देश के भिक्षुसंघ को प्राण अर्पण किए—मैंने धर्म को ढूंढ़ने के लिए दूर की यात्रा की है (मुझे) अपना तेज और प्रताप देकर लौटाकर अपने स्थान पर पहुंचाओ।"

तूफान 13 दिन तक रहा। सबमें लगातार घबराहट रही। तेरहवें दिन नाव दैवयोग से एक द्वीप के किनारे लगी, भेड़ा थमने पर नाव के छेद की जांच हुई, छेद का पता लगा और वह बंद किया गया। ठीकठाक हो जाने पर नाव आगे बढ़ी। समुद्र की कठिनाइयों का वर्णन फाहियान ने इन शब्दों में किया है, "समुद्र के मध्य अनेक डाकू रहते हैं उनको मिलकर बचकर नहीं जा सकते। यह समुद्र (अति) विस्तृत है, ओर छोर नहीं, पूर्व पश्चिम का ज्ञान नहीं, केवल सूर्य चंद्रमा और तारों के देखने से ठीक मार्ग पर चलते हैं, आंधी पानी में वायु ही के ले जाने से जाते हैं, निश्चित मार्ग नहीं, रात की अंधियारी में केवल ऊंची लहरें परस्पर थपेड़े खाती दिखाई पड़ती हैं, अग्निवर्ण ज्वाला निकलती है। साथ ही साथ पानी पर बड़े बड़े कछुए और अन्य अधोवासी जंतु (निकलते वा देख पड़ते हैं)। व्यापारी भयभीत, नहीं जानते कि कहां जा रहे हैं—समुद्र गंभीर, थाह नहीं—लंगर डालने और ठहरने का ठौर नहीं, पर आकाश खुल गया तो पूर्व पश्चिम सूझने लगा, फिर लौटे, ठीक रहे, पर चले, कहीं गुप्त चट्टान पड़ी तो बचने का मार्ग नहीं।"

ऐसे भयानक समुद्र में अपने प्राण हाथ पर रखकर फाहियान नाव के मरम्मत हो जाने पर चढ़कर 90 दिन से अधिक बीतने पर जावा द्वीप में पहुंचा। जावा द्वीप में फाहियान 5 महीना ठहर गया। उस जनपद में बौद्ध धर्म का क्रम प्रचार देख फाहियान लिखता है कि "इस जनपद में ब्राह्मण धर्म के विभिन्न संप्रदायों का प्रचार था, बौद्ध धर्म की कुछ चर्चा नहीं।"

जावा में 5 महीने रहकर फाहियान एक और व्यापारी नाव पर चढ़ा। नाव 50 दिन की सामग्री लेकर चौथे महीने की 16 वीं तिथि को चली। उस वर्ष फाहियान को नाव ही पर 'वर्षावास' पड़ा। नाव जावा से पूर्वोत्तर दिशा में 'कावचांग' जा रही थी। ठीक महीना दिन बीतते बीतते दो पहर रात गए घोर अंधकार छा गया। पानी बरसने लगा। अंधियारी ऐसी थी कि हाथ पसारे नहीं सूझता था। सारे यात्री घबड़ा गए कि क्या होगा। फाहियान बेचारा भी अवलोकितेश्वर का ध्यान करने लगा और सारी रात प्रार्थना करता और रोत विलकता रहा। रात भर किसी को नींद न आई। राम राम कह के ज्यों त्यों सवेरा हुआ

सवेरा होते ही एक और विपत्ति का सामना पड़ा। दुर्भाग्यवश नाव में दस पांच ब्राह्मण देवता[1] भी थे। उन लोगों ने सवेरा होते ही मुहां मुहीं कहना प्रारंभ किया कि "इस श्रमण के साथ से ही हम लोगों पर यह आपत्ति आई है–यह महा संकट पड़ा है–इस भिक्षु को उतारो–समुद्र के किसी द्वीप के किनारे छोड़ दो–एक मनुष्य के लिए हम सब क्यों विपत्ति भोगें।" सारी नौका में हलचल मच गयी। सबको विश्वास हो गया कि देवता लोग सत्य कह रहे हैं, हो न हो सब आपत्ति श्रमण जी ही के कारण आई हो, ठीक है–

'अतथ्यो तथ्यो वा हरति वा महिमानं जनश्वः'

बेचारा फाहियान घबड़ाया। एक आंधी तो थी ही, दूसरी और आई और उससे भी घोरतर। सब एक समान नहीं होते, जहां दस बीस मूर्ख होते हैं, वहां एक आध समझदार भी निकल ही आता है। नाव के कोने में एक सहृदय सज्जन था। वह बोल उठा–भाई इस भिक्षु को उतारते हो तो मुझे भी उतार दो, नहीं तो मुझे मार ही डालो। नहीं तो इस भिक्षु को उतारा तो हान देश में पहुंचूंगा तो राजा के पास (जाकर) सब करनी (तुम्हारी) कहूंगा। हान देश का राजा भी बौद्धधर्मानुयायी है। भिक्षुसंघ का मान करता है। फिर तो सोचो कि इसका क्या परिणाम होगा। यह बात उसके मुंह से निकली कि चारों ओर सन्नाटा छा गया। सबके सब घबड़ा उठे। सारा चवाब जाता रहा। फिर किसी ने बेचारे फाहियान से उतरने का नाम तक नहीं लिया।

आकाश में अंधकार छाया था। समुद्र में नाविकों की बुद्धि काम नहीं करती थी कि किधर जाना चाहिए और कहां जा रहे हैं। नाव मार्ग छोड़कर दूसरी ओर जिधर को वायु ले गई बहती चली। 70 दिन बीत गए, अनेक कष्ट विपत्ति झेलते झेलते सबका नाकों दम आ गया था। दाना पानी सब चुक गया था। सब समुद्र के खारे पानी में पका पका कर खाते थे। व्यापारी घबड़ाए कि अब तक तो हमें 'कावचांग' पहुंच जाना चाहिए था। 50 दिन की जगह 70 दिन हो गए कहीं वार पार नहीं, अभी तक नाव घाट पर नहीं लगी–हो न हो अवश्य राह भूलकर कहीं अलग बह के चले जा रहे हैं। निदान नाव पश्चिमोत्तर दिशा में घुमाई गई और किनारे की जोह में चली। बारह दिन रात चल कर 'चांगक्कांग' की सीमा पर 'लाव' पर्वत के दक्षिण किनारे पर लगी। यहां पहुंच कर लोगों को मीठा पानी और साग मिले। वहां की 'लेई' और 'अक्कों' नामक वनस्पतियों को देखकर सब को निश्चय हो गया कि चीन देश में आ गए। पर जहां नाव टिकी वहां न बस्ती थी और न लोगों के गमनागमन के कुछ चिह्न ही देख पड़ते थे। सब बड़ी चिंता में पड़े कि कहां आए? किस जगह पर हैं? कोई कहता था कि चांगक्कांग अभी नहीं पहुंचे, कोई कहता था कि पीछे

1. समुद्रयात्रा के विरोधियों को इस पर ध्यान देना चाहिए कि आज से चौदह सौ वर्ष पूर्व ब्राह्मण चीन, जापान जाते थे और उससे उनका धर्म नहीं जाता था।

छोड़ आए। जितने मुंह उतनी बातें थीं। कुछ निश्चय नहीं होता था। निदान यह स्थिर हुआ कि कुछ लोग छोटी नाव पर चढ़कर खाड़ी में जावें और किनारे पर यदि कोई मिले तो उससे इतना तो पता चलावें कि किस देश में और कहां हैं। दो चार आदमी झट नाव पर चढ़कर खाड़ी में गए और इधर उधर मनुष्यों की जोह लेने लगे। बड़ी खोज खाज पर दो शिकारी मिले पर उनकी बोली उनकी समझ में न आई। विवश हो नाव पर बैठाकर उन्हें साथ लाए। लोगों ने फाहियान से कहा—भाई अब तुम्हीं यह काम करो। उन लोगों से बातचीत करके कुछ पता ठिकाना तो जानो कि हम लोग हैं कहां? चांगक्कांग पहुंचे वा नहीं। आगे है वा पीछे छूट गया है। निदान फाहियान ने उनसे प्रश्न करना प्रारंभ किया तो उन लोगों ने कहा कि हम बौद्ध हैं। फिर फाहियान ने कहा यहां क्या करने आए थे। उन दोनों ने कहा कि भगवान को चढ़ाने के लिए सफतालू ढूंढ़ रहे थे। थोड़ी देर की पूछताछ पर यह निश्चय हुआ कि वे लोग सिंगचाव के अंतर्गत 'चांगक्कांग' प्रदेश की सीमा पर हैं। यह बात सुनते ही सारे व्यापारी फड़क उठे, रुपया और माल मंगाकर चांगक्कांग प्रदेशाधिप के पास भेंट लेकर अपने आदमी भेजने लगे।

उस समय उस प्रदेश का शासक 'लेए' बड़ा दृढ़ बौद्धधर्मी था। उसने ज्योंही यह सुना कि एक श्रमण हिंदुस्तान गया था और वहां से अनेक धर्मग्रंथों की प्रतियां लेकर नाव पर आया है, वह अपने संरक्षकों को साथ लिए बंदर पर आया और उसने बड़े आदर से फाहियान का स्वागत कर धर्मपुस्तकों और चित्रों का दर्शन किया और फाहियान को पुस्तकों और चित्रों समेत अपने साथ अपने शासन स्थान को ले गया।

व्यापारी लोग तो वहां से यांगचाव की ओर लौटे, और फाहियान सिंगचाव में वहां के शासक 'लेए' का अतिथि बना। वहां फाहियान को शासक के अनुरोध से साल भर तक रुक जाना पड़ा, यद्यपि फाहियान बहुत चाहता था कि 'चांगान' को चला जाए। चांगान के भिक्षुओं से बिछुड़े हुए उसे पंद्रह वर्ष हो गए थे, वह उन्हें मिलने के लिए आतुर हो रहा था पर उन ग्रंथों का अनुवाद करना भी अत्यंत आवश्यक काम था। निदान फाहियान 'सिंगचाव' से विदा हो दक्षिण प्रांत की ओर उतरा। दक्षिण प्रांत के पूर्वीय भाग में 'नानकिन' पूर्वी शीन राज्य की राजधानी था। वहां उस समय भारतवर्ष का एक महा विद्वान श्रमण बुद्धभद्र रहता था। वहां रहकर फाहियान ने अनेक पुस्तकों का अनुवाद, जिन्हें वह भारतवर्ष ले गया था, चीनी भाषा में किया। वह 'चांगान' प्रदेश को जहां से उसने अपनी यात्रा आरंभ की थी नहीं लौट सका। 'नानकिन' में उसने अपने अनुवाद के काम को जहां तक कर पाया था किया और शेष कर ही रहा था कि वह 'किंगचाव' गया और वहां शीन के संघाराम में 88 वर्ष की अवस्था में इस संसार से परलोक को सिधार गया।

फाहियान के यात्रा विवरण के पढ़ने से यह जान पड़ता है कि यह यात्रा विवरण उसके हाथ का नहीं लिखा है। चीन देश में पहुंच कर उसने अपनी यात्रा के सारे विवरणों को

अपने किसी मित्र से कहा, जिसने सारी बातों को अपने स्मरण से पीछे लिखा। यही कारण है कि कितनी जगहों पर दिशा और परिमाण का अंतर है। इतना ही नहीं कितनी ही नदियों का जिसे उसने पार किया होगा उल्लेख तक नहीं मिलता। चालीसवें पर्व के इस वाक्य से कि अतः यात्रा का विवरण लिख दिया कि पढ़नेवाले जानें कि उसने क्या क्या सुना और देखा। कितने ही लोग यह अर्थ निकालते हैं कि उसने अपनी यात्रा का विवरण स्वयं लिखा और लेगी ने इसका अनुवाद यह किया है कि "and therefore he wrote out an account of his experience that worthy readers might share with him what he had heard and seen" पर चीनी भाषा के मूल में कोई ऐसा चिह्न नहीं है जिससे यह अर्थ निकाल सकें। वहां कोई ऐसा सर्वनाम ही नहीं है जिससे यह आशय ले सकें कि 'उसने' लिखा वा 'अपने' अनुभव का विवरण लिखा। सारे का सारा वाक्य सर्वनाम रहित है। इसके सिवाय इसका दूसरा अभिप्राय हो ही नहीं सकता कि लेखक ने यह यात्रा विवरण इसलिए लिखा कि पाठक लोग यह जानें कि उससे क्या देखा और क्या सुना।

इस विवरण को अति संक्षिप्त देखकर कितने अनुवादकों को यह सूझी है कि उसके हाथ का लिखा हुआ कोई इससे पृथक और परिपूर्ण विवरण है और उसके ढूंढ़ने के लिए उन्होंने बहुत बड़ा प्रयास भी किया है। स्वयं लेगी महोदय को भी यही शंका थी कि कोई दूसरा पूरा यात्रा विवरण उसका होगा और अपनी भूमिका में उन्होंने बहुत कुछ छान बीन की है। वे लिखते हैं कि–

"It is added that there is another larger work giving an account of his travels within various countries...If there were ever another and larger account of Fa-hien's travels than the narative of which a translation is now given, it has long ceased to be in existence"

सारांश यह है कि लेगी कहते हैं कि "एक और बृहत ग्रंथ है जिसमें भिन्न भिन्न जनपदों में उसकी यात्रा का विवरण है...यदि कोई और बड़ा ग्रंथ फाहियान के यात्रा विवरण का इसके अतिरिक्त, जिसका यह अनुवाद है, रहा होगा तो वह बहुत दिनों से लुप्तप्राय हो गया।" आगे चलकर लेगी साहब सुइ वंश (589-618) के सूचीपत्र का प्रतीक देते हुए लिखते हैं कि उसमें फाहियान का नाम चार बार आया है, एक तो अंत के खंड में पृष्ठ 22 पर उसकी यात्रा का प्रतीक देकर किंगलिंग (नानकिंग का दूसरा नाम है) में बुद्धभद्र के साथ रहकर उसका अनुवाद करने का वर्णन है। फिर दूसरे खंड (पृष्ठ 15) में "बौद्ध जनपदों का विवरण" लिखा है और टीका में यह लिखा है कि यह श्रमण फाहियान का ग्रंथ है। फिर पृष्ठ 13 में "फाहियान का विवरण" दो जिल्दों में और पुनः "फाहियान की यात्रा का विवरण, एक जिल्द में" लिखा है। लेगी साहब लिखते हैं कि "ये तीनों संभवतया एक ही पुस्तक की पृथक पृथक प्रतियों का ही उल्लेख हो सकता है।" प्रथम, और अंत

के दोनों एक ही सूची के अलग अलग खंड हैं। आगे लेगी साहब ने अपनी प्रति की प्राचीनता प्रमाणित करने के लिए अनेक सूचियों के प्रतीकों को उद्धृत किया है।

उपरोक्त बातों से यह स्पष्ट है कि वह पुस्तक जिसमें फाहियान का बुद्धभद्र के साथ किंगलिंग में अनुवाद करने का वर्णन है संभवतया यह नहीं है। यह भी संभव है कि वह इसी का उत्तरार्द्ध रहा हो अथवा कोई बृहत ग्रंथ हो, हम बिना देखे निश्चयपूर्वक कुछ नहीं कह सकते, पर इसमें तो बुद्धभद्र के साथ नानकिंग (किंगलिंग) में अनुवाद का कुछ भी उल्लेख नहीं है। हमें तो वर्तमान प्रति ही के आधार पर विचार करना है।

आधुनिक रीति से विचार करने पर तो हम यह कह सकते हैं कि यह फाहियान का लिखा नहीं है। पर जब हम पूर्व के वा प्राचीन लिखे अन्य ग्रंथों पर दृष्टिपात करते हैं तो हम यह कहने पर बाध्य होते हैं कि पुरा काल में समस्त पूर्वीय देशों में लिखने की यही परिपाटी प्रचलित थी। भारतवर्ष के अति प्राचीन ग्रंथों को जाने दीजिए, कौटिल्य के अर्थशास्त्र और राजशेखर के काव्यमीमांसा ही को लीजिए जिनका उन्हीं के हाथों का होना निर्विवाद लोग मानते हैं पर उनकी रचना को देखकर कोई यह नहीं कह सकता है कि ये ग्रंथ कौटिल्य वा राजशेखर के लिखे हुए हैं। इसी प्रकार यद्यपि रचना से यह जान पड़ता है कि यह ग्रंथ फाहियान का लिखा नहीं है तो भी यह मानते हुए कि प्राचीन काल में लेखकों की यही परिपाटी थी यह मानने में कुछ भी संकोच नहीं है कि चालीसवें पर्व के अंत तक सारा ग्रंथ फाहियान ने चीन देश में पहुंचकर लिखा कि "पढ़नेवाले जानें कि उसने क्या क्या सुना और देखा।"

यद्यपि फाहियान धार्मिक यात्रा करने और धर्मग्रंथों का संग्रह करने के उद्देश्य से आया था और इसीलिए उसने इतने कष्ट उठाए पर फिर भी उसने अपने समय के आचार व्यवहार का जो उसने भिक्षुसंघ में देखा था और देशवासियों की अवस्था का अच्छा चित्र खींचा है। विदेशी यात्रियों के लेखों से किसी देश के इतिहास की सत्यता को जांचना अच्छी बात है पर उन्हें अक्षरशः सत्य मानना कभी ठीक नहीं है। यही कारण है कि श्रावस्ती, कुशनगर और लुंबिनी आदि के स्थानों का निर्णय हो जाने पर भी स्मिथ सरीखे ऐतिहासिकों को जो वर्षों फैजाबाद, बस्ती और गोरखपुर में कलक्टरी और कमिश्नरी आदि पदों पर रह चुके थे प्रायः स्वयं भ्रम में पड़ना और अन्यों को भ्रम में डालना पड़ा है। उन्हें फुहर सदृश सत्यवादी विद्वान तक पर जाल करने का कलंक लगाना पड़ा है।

यहां हम फाहियान के मार्ग का पुनः दिग्दर्शन करा देना उचित समझते हैं जिससे इस बात के पढ़नेवालों को सामान्यतया ज्ञान हो जाए कि उसने कहां से अपनी यात्रा का आरंभ किया और किन किन जनपदों से होकर वह भारतवर्ष में आया तथा किस मार्ग से होकर चीन को लौट गया।

फाहियान 'चांगान' से 400 ई. में विनय पिटक की खोज में भारतवर्ष की ओर चला।

वह 'लंग' से होकर 'कीनक्वी' में आया और वहां उसने वर्षावास किया। वहां से यंगालो पर्वत पारकर चांगयीः में आया। वहां उस समय विप्लव मचा था। वहीं वर्ष भर रुक गया। विप्लव शांत हो जाने पर तुनह्वांग में आया और वहां के शासक की सहायता से 'गोबी' पारकर 17 दिन में 'शेनशेन' में आया। 'शेनशेन' प्रदेश से पंद्रह दिन में 'ऊए' पहुंचा। 'शेनशेन' लोवनगर के आसपास और 'ऊए' तुरकिस्त के किनारे था। ये दोनों प्रदेश अब गोबी के मरुस्थल के नीचे हैं, और लोवनगर के आसपास सौ दो सौ मील के भीतर थे। अधिक संभव है कि वे नगर जहां पर कई बार यात्रा करने से यूरोपीय और रूसी यात्रियों को बहुमूल्य प्राचीन प्रतियां मिली हैं इन्हीं जनपदों के रहे हों जो पीछे मरुभूमि की बालुका से आच्छादित होकर सदा के लिए संसार से मिट गए।

'ऊए' से फाहियान 'खुतन' आया और वहां की रथयात्रा देख 25 दिन में 'जीहो' और 'जीहो' से 4 दिन में सुंगलिंग पहुंच पर्वत पार कर 'यूह्वे' पहुंचा। 'जीहो' और 'यूह्वे' का पता यद्यपि यूरोपीय विद्वानों को अब तक नहीं चला है पर ये दोनों प्रदेश सीहून और जीहून नदी के किनारे के प्रदेश हैं जहां इन दोनों नदियों के मध्य तक छोटी पहाड़ी है।

'यूह्वे' वा जीहून के किनारे से फाहियान दक्षिण पूर्व दिशा में चला और पच्चीस दिन में पर्वतों से होकर 'कीचा' में पहुंचा। 'कीचा' को कोई कोई कश्मीर वा स्कर्दू लिखते हैं पर यह वही प्रदेश जान पड़ता है जो कराकोरम और सिंधुनद के मध्य है। वाल्मीकीय रामायण में इसी को 'कैकय' जनपद और इसकी राजधानी को पर्वतों से परिवेष्टित होने के कारण 'गिरिव्रज' लिखा है।

कीचा वा कैकय से फाहियान पंच परिषद देखकर दरद में आया। दरद कैकय के पश्चिम में पड़ता था। एक मास मार्ग में लगा। समय पर भी विचार करने से यही ठीक जान पड़ता है कि वह 'यूह्वे' से पूर्व दक्षिण गया और फिर वहां से पश्चिम ओर फिरा। 'यूह्वे' से कीचा जाने में 25 दिन और कीचा से दरद आने में एक मास लगे। दोनों मार्ग पहाड़ी और कठिन थे। दरद को ही औरों ने दरदिस्तान लिखा है।

दरद से पंद्रह दिन और चलकर फाहियान एक झूले पर से होकर उद्यान में आया। अंग्रेजी अनुवादकों ने इसे 'सिंधु' लिखा है। उनके भ्रम के लिए सेतु भी है क्योंकि चौदहवें पर्व के अंत में भी यही चिह्न हैं। वहां सिवाय सिंधु के दूसरी नदी नहीं पड़ती। ये दो चिह्न हैं जिनमें पहले का अर्थ ऊपर पुल वा झूला और दूसरे का अर्थ नदी है। इनमें दूसरा संकेत पंद्रहवें पर्व के आदि में भी है। सिंधु के लिए फाहियान ने कोई चिह्न व्यवहार नहीं किया है और उस नद के लिए वही चिह्न व्यवहृत होता है जो हिंदुस्तान के लिए होता है। सिंधु के कारण हिंदुस्तान को चीनवाले सिंतू कहते आए हैं। पर उन दोनों संकेतों का अभिप्राय जो दरद प्रदेश से उद्यान आते समय वा पोनो से पीतो आते समय पर्व 7 और 14 में किया गया है केवल नदी पार करने का झूला ही है। यही अर्थ डाक्टर ओ. फ्रैंक (O. Frank)

ने इंडियन एंटीक्वेरी में भी किया है—Hintu-hanging bridge। यही मत समीचीन जान पड़ता है। उच्चारणसाम्य से ही अनुवादकों और टीकाकारों को भ्रम में पड़ना पड़ा है।

उद्यान में पहुंचकर फाहियान वहां से 'सुहोतो' (सुवात) गया। वहां से गांधार, गांधार से तक्षशिला और तक्षशिला से पेशावर आया। पेशावर से 'नगार' गया और 'नगार' में 'हूकिंग' के देहांत हो जाने पर 'पोनो' होकर फिर एक झूले वा पुल पर से उतरकर 'पीतो' आया।

'पीतो' से दक्षिण-पूर्व चलकर मथुरा आया, फिर मथुरा से यमुना के किनारे चलकर 18 योजन पर 'संकाश्य' नगर मिला। संकाश्य नगर में वर्षा बिताकर कान्यकुब्ज नगर आया और कान्यकुब्ज से गंगा पार करके 'आले' गांव में जो कान्यकुब्ज से तीन योजन पर था, गया।

आले से दस योजन पर 'सांखे' दक्षिण पूर्व में पड़ा। यह 'सांखे' यात्रा विवरण मिलाने से सुयेनच्वांग का 'विसाखा' जान पड़ता है, संभवतया यह साकेत का ही विकृत नाम हो, ऐसा अनुमान होता है।

'सांखे' से आठ योजन पर कौशल की राजधानी श्रावस्ती में गया। श्रावस्ती से कपिलवस्तु की ओर गया और लुंबिनी कानन का दर्शन किया। लुंबिनी बुद्धदेव का जन्मस्थान है और नेपाल की तराई में भगवानपुर के पास है।

लुंबिनी से रामस्तूप होते हुए कुशनगर वा कसया गया और कसया से वैशाली पहुंचा। वैशाली से पाटलिपुत्र और वहां से राजगृह गया और गृध्रकूट और सातपर्णी गुहा होता हुआ बुद्धगया में पहुंचा।

बुद्धगया से गरुड़पाद पर्वत का दर्शन कर अनालय वा 'अरण्य' से जो बलिया के पास था, होता हुआ वाराणसी आया। वाराणसी में ऋषिपत्तन मृगदाव के धर्म 'चक्र प्रवर्तन' स्तूप का दर्शन कर पाटलिपुत्र लौट गया और वहां तीन वर्ष रहकर उसने अनेक पुस्तकों का संग्रह किया और संस्कृत विद्या का अध्ययन किया।

पाटलिपुत्र से फाहियान अट्ठारह योजन चलकर चंपा गया। चंपा अब भागलपुर जिले में है और चंपा नगरी कहलाती है। चंपा से वह ताम्रलिप्त गया जिसे अब तमलुक कहते हैं। वहां दो वर्ष तक रह गया और पुस्तकों और चित्रों की प्रतिलिपि की।

तमलुक से फाहियान एक व्यापारी नौका पर सवार होकर सिंहल में गया और वहां दो वर्ष तक रहा और अनेक पुस्तकों की प्रतिलिपि की।

सिंहल से फाहियान जावा द्वीप गया। वहां पांच महीने पड़ा रह गया। फिर एक और नौका पर चढ़कर चीन को चला। तीन महीने के लगभग तूफान में भटकती हुई नाव चांगक्कांग के किनारे लगी। वहां के शासक 'लेए' ने फाहियान का स्वागत किया और वह उसे अपने

शासन स्थान 'सिंगचाव' में ले गया। 'सिंगचाव' में फाहियान एक वर्ष रहा, फिर दक्षिण को चलकर 'नानकिंग' गया और वहां अपने अभीष्ट ग्रंथों का अनुवाद करने लगा।

इस यात्रा में फाहियान के शब्दों में ही, "वह 6 वर्षों में मध्य देश पहुंचा, 6 वर्ष वहां फिरा, लौटकर 3 वर्ष में सिंगचाव पहुंचा, 30 से कुछ ही कम जनपदों में भ्रमण किया" सब मिलकर उसको पंद्रह वर्ष लगे।

फाहियान के स्वभाव और प्रकृति के विषय में उपसंहार के लेखक के, जो कोई उसका मित्र वा भक्त जान पड़ता है, ये शब्द मात्र पर्याप्त हैं कि "वह नम्र और सुशील था। जब से इस बड़े धर्म का पूर्व के देश में प्रचार हुआ कोई भी निरपेक्ष, धर्म का जिज्ञासु आचार्य सा नहीं हुआ। अतः मैं तो जान गया कि सत्य के प्रभाव को कोई रोक नहीं सकता, चाहे वह जितना बड़ा हो, वह पार ही कर जाता है। मानसिक बल जो काम चाहे पूरा करने में चूकता नहीं। ऐसे कार्यों का संपादन, आवश्यक को भूलने और भूले हुए को स्मरण करने से होता है।"

फाहियान की यात्रा

पहला पर्व

यात्रारंभ

फाहियान चांगगान[1] में रहता था। विनय पिटक के ग्रंथों की अंगभंगता और अपूर्णता पर उसे दुख हुआ और ह्वांगचे[2] काल के द्वितीय वत्सर में उसने यात्रा का संकल्प किया। ह्वेकिंग तावचिंग, ह्वेमिंग और ह्वेवी के साथ यह निश्चय किया कि हिंदुस्तान चलकर विनय पिटक की प्रतियों की खोज करें।

चांगगान से चलकर लंग[3] से होकर वे कीनकी[4] के जनपद[5] में पहुंचे और वर्षा[6] के

---

1. शेनसे प्रदेश की प्राचीन राजधानी। यह अब शेगन प्रांत का एक विभाग है। ईसा के जन्म के पूर्व 202 वर्ष से 24वीं ईसवी तक यह हान राजाओं के समय में राजधानी था। फाहियान के समय में यद्यपि चीन की राजधानी नानकिंग थी फिर भी चांगगान चीन देश के तीन प्रधान राज्यों में माना जाता था।
2. ह्वांगचे काल सन 399 से 414 तक के समय का नाम था। अपर चीन के राजकुमार यावहिंग ने अपने शासन काल का नाम ह्वांगचे रखा था। वह पंद्रह वर्ष तक शासक रहा। उसी के शासन काल के दूसरे वर्ष फाहियान ने अपनी यात्रा आरंभ की थी। लेगी साहेब का कथन है कि महास्थविरों की आत्मचर्या में लिखा है कि फाहियान पूर्वीय चीन के महाराज लांगगन के राजत्व काल में तीसरे वर्ष यात्रा पर निकला था। बील के अतिरिक्त प्रायः सभी अनुवादकों का यही मत है कि फाहियान ने सन 399 में अपनी यात्रा आरंभ की थी।
3. शेनसे के पश्चिमीय और कानसुः के पूर्वीय भाग मिलकर उस समय लंग प्रदेश के नाम से प्रख्यात थे।
4. यह पश्चिमीय चीन का दूसरा राजा था। उसकी राजधानी कानसु देश के लानचाउ प्रांत में थी। यह सीनपे जाति का था और उसका वंश केयेःफू कहलाता था। उस वंश का पहला राजा क्रोजिन था और चीन के महाराज ने सन 385 में उसे नियत किया था। क्रोजिन के मर जाने पर कीनकी 388 में उसके स्थान पर पश्चिमी चीन का शासक हुआ और सन 398 में वहां का राजा बन बैठा।
5. फाहियान ने 'जनपद' का नाम अपनी यात्रा में तीन प्रकार से रखा है--1. शासक के नाम पर 2. नदी के नाम पर 3. प्रचलित नाम।
6. बर्मा आदि के भिक्षु वर्षा ऋतु में तीन मास एक ही स्थान पर रहते हैं।

लिए ठहरे। वर्षा बिताकर वे नवतन[1] के जनपद में गए और यांगलो पर्वत पार कर चांगयीः[2] के नाके पर पहुंचे। चांगयीः में अशांति फैली थी। मार्ग से होकर जाना असंभव था। चांगयीः के अधिपति ने बड़ी आवभगत की और रोक रखा और दानपति[3] बना।

यहां चेयन, ह्वेकीन, सांगसाव और सांगकिंग से भेंट हुई। ये लोग भी वहीं जा रहे थे। उनके साथ वहां वर्षा बिताकर उन के साथ साथ तनह्वांग[4] गए। इसका प्राचीर पूर्व-पश्चिम 80 ली और उत्तर-दक्षिण 40 ली लंबा चौड़ा है। यहां कुछ दिन अधिक एक मास रहे। फाहियान आदि चार जन एक अगुआ दूत[5] के साथ आगे चले। पावयुन आदि का साथ वहीं छूट गया।

तुनह्वांग के शासक लेहाव[6] ने मरुभूमि[7] पार करने के लिए सामग्री का सुभीता कर दिया। सुना कि मरुभूमि में राक्षस फिरा करते हैं, गर्म हवा चलती है, वहां जाकर उनसे कोई बच कर नहीं आता। न ऊपर कोई चिड़ियां उड़ती हैं और न नीचे कोई जंतु दीख पड़ता है। आंख उठाकर जिधर देखो कहीं चारों ओर जाने का मार्ग नहीं सूझता। बहुत ध्यान देने पर भी कोई मार्ग नहीं मिलता। हां मुर्दों की सूखी हड्डियों के चिह्न भले ही हैं।

---

1. लेगी साहेब का मत है कि नवतन दक्षिण लियांग के राजसिंहासन पर सन 402 में बैठा था उस समय उसका भाई ले-लूःकूः वहां का अधिपति था। नवतन लियांग का तीसरा राजा था। पर अन्य अनुवादकों का मत है कि नवतन पीतन के पश्चिमांश में होसाप्रदेश का शासक था।
2. यह स्थान कान-सुः देश के कानचाउ प्रांत में है वीलने इसे Military station और लेगी ने Emporium लिखा है। वास्तव में यह एक नाका है जहां होकर लोग एक देश से दूसरे देश में व्यापार की वस्तु ले जाते हैं। यह लांगचाउ के उत्तर पश्चिम में चीन की दीवार के पास है।
3. दान महायान के छह पारामिता में से एक है। दान भवसागर के संतरण और निर्वाण का हेतु माना गया है। दान का इतना महत्व है कि स्वयं बुद्धदेव ने अनेक जन्मों में विविध दान दिया है। यहां तक कि उन्होंने अपना सिर, देह आदि तक दे दिए थे।
4. कानसुः प्रदेश के गानसे प्रांत का एक विभाग। यह चीन की दीवार के बाहर की ओर है।
5. संभव है कि तुनह्वांग के शासक ने मरुभूमि में राह बताने के लिए फाहियान के साथ किसी मनुष्य को कर दिया हो। उसी को उसने दूत लिखा है।
6. यह उस समय तुनह्वांग का शासक था। उत्तरीय लियांग के राजा ने इसे 400 ईसवी में तुनह्वांग के शासक के पद पर नियुक्त किया था। यह बड़ा विद्वान, दयालु और प्रबंधकुशल था। बढ़ते बढ़ते यह पश्चिमीय लियांग का अधिपति हो गया था। इसकी मृत्यु 417 में हुई थी।
7. चीनी भाषा के मूल में बालू को नदी लिखा है। यह मरुभूमि गोवी की मरुभूमि थी।

दूसरा पर्व

शेनशेन और ऊए

सत्रह दिन में लगभग 1500 ली चल कर शेनशेन[1] जनपद में पहुंचे। यह पहाड़ी प्रदेश है। भूमि यहां की पथरीली और बंजर है। साधारण अधिवासी मोटे वस्त्र पहनते हैं जैसे हमारे हान देश में (पहना जाता है)। कोई पशमीना और कोई कंबल पहनते हैं, केवल इतना ही अंतर है। इस देश के राजा का धर्म हमारा ही है। यहां लगभग चार हजार से अधिक श्रमण रहते हैं। सबके सब हीनयानानुयायी हैं। इधर के देश के सब लोग क्या गृही क्या त्यागी सब भारतीय (हिंदू) आचार और नियम का पालन करते हैं, अंतर इतना ही है कि एक सामान्य और दूसरे विशेष। यहां से पश्चिम जिन जिन देशों में गए सभी देशों में ऐसा ही पाया। भेद इतना ही था कि देश देश की भाषा न्यारी न्यारी और अनोखी थी। पर सब गृह त्यागी विरक्त भारतीय ग्रंथों और भारतीय भाषा का अध्ययन करते पाए गए। यहां महीना दिन रहे।

यहां से उत्तर पश्चिम की ओर पंद्रह दिन चले। ऊए[2] देश में पहुंचे। यहां चार हजार से अधिक श्रमण रहते हैं। सबके सब हीनयानानुयायी हैं। इनके आचार-नियम कठिन हैं। उस पर वे दृढ़व्रती हैं। चीन देश के श्रमणों में उनके पालन की क्षमता नहीं है। फुकुंग-सन[3] की उदारता से फाहियान यहां दो महीने से अधिक रह सका। यहीं उसे पावयुन आदि आकर मिल गए। ऊए के अधिवासियों ने सुजनता और उदारता परित्याग कर विदेशियों से क्षुद्रता का व्यवहार किया। इससे चेयुन, ह्वेकीन और ह्वीई कावचांग[4] चले गए। उन्हें वैसे जाने में सुभीता जान पड़ी। फाहियान फू (उद्देशिक) की उदारता से अन्य साथियों समेत दक्षिण पश्चिम की ओर सीधे जाने में समर्थ हुआ। मार्ग में जनशून्य देश मिले। नदी उतरने में और मार्ग में चलने में जो क्लेश और दुख उठाने पड़े किसी ने उठाए न होंगे। एक महीना पांच दिन में योतन (खुतन) पहुंचे।

---

1. यह जनपद लोव वा लोपनार कद के दक्षिण किनारे पर था।
2. इस जनपद का अब तक निश्चय नहीं हुआ है। वाटर का मत है कि यह या खरभर है वा खरशर और कुखर के मध्य कहीं रहा होगा। संगयुग और हुइसंग नाम के दो यात्री इसी देश की रानी की आज्ञा से छठी शताब्दी में भारत की ओर आए थे और उद्यान काबुल पेशावर आदि होकर वापस गए थे।
3. चीनी भाषा में फू उद्देशिक भी कहते हैं।
4. ओईघग्स प्रदेश। वर्तमान तुर्कान वा संगुत प्रांत के आसपास था।

तीसरा पर्व

खुतन

यह जनपद सुखप्रद और संपन्न है। जनसंख्या प्रभूत और प्रवृद्ध है। अधिवासी सभी धार्मिक हैं। मिलकर सब झुंड के झुंड धार्मिक संगीत का आनंद लूटते हैं। कई अयुत श्रमण यहां रहते हैं। जनपद में अधिवासियों के घर तारों की भांति पृथक-पृथक हैं। घर घर के द्वार पर छोटे छोटे स्तूप हैं। छोटे से छोटा स्तूप बीस हाथ से अधिक ऊंचा होगा। चारों ओर भिक्षुओं के लिए कोठरियां बनी हैं। अतिथि भिक्षु जो आते हैं इसी में ठहराए जाते हैं। उनकी आवश्यकताएं पूरी की जाती हैं।

जनपद के अधिपति ने फाहियान आदि को एक संघाराम में सुखपूर्वक ठहराया। उस संघाराम का नाम गोमती संघाराम था। महायान का विहार था। उसमें तीन हजार भिक्षु रहते थे। सबके सब महायानानुयायी थे। घंटा बजने पर सब भंडार में खाने जाते थे। वहां उनका भाव अत्यंत गंभीर रहता था। पांती की पांती यथास्थान बैठते थे। सब चुपचाप--पात्रों में शब्द भी नहीं सुनाई पड़ते थे। ये भिक्षु भंडार में मौन रहते थे। आवश्यकता पड़ने पर हाथ से संकेत मात्र करते थे।

हेकिंग तावचिंग और हेताः[1] पहले ही कीचा[2] जनपद की ओर चले गए। पर फाहियान आदि रथयात्रा देखने के लिए तीन महीना रुक गए। इस देश में चार[3] बड़े संघाराम हैं। छोटे छोटों की तो गिनती ही नहीं। चौथे महीने की पहली तिथि से नगर में सड़कों पर झाड़ू बहारू होने लगती है, पानी छिड़का जाता है, गली गली सजावट होती है। नगर के द्वार पर एक बड़ा तंबू खड़ा किया जाता है। सब प्रकार की सजावट होती है। फिर राजा और रानी अपनी परिचारिकाओं समेत वहां पधारते हैं।

गोमती विहार के भिक्षु महायान के अनुयायी हैं। महाराज प्रतिष्ठा करते हैं। उनकी रथयात्रा पहले निकलती है। नगर से तीन चार ली पर भगवान का रथ चार पहिये का बनाया जाता है। वह तीस हाथ ऊंचा होता है और चलता प्रासाद जान पड़ता है। सप्तरत्न के तोरण लगाए जाते हैं रेशम की ध्वजा और चांदनी से सुसज्जित किया जाता है। भगवान की मूर्ति रथ में पधराई जाती है। दोनों ओर दो बोधिसत्व रहते हैं। सब देवता साथ साथ चलते हैं। सब मूर्तियां सोने चांदी की बनी होती हैं। ऊपर ध्वजा उड़ती है। जब रथ नगर

---

1. यह अनोखा नाम आया है। संभव है कि यिंग के स्थान में ताः हो गया हो।
2. चौथे पर्व में देखो।
3. लेगी लिखते हैं कि चीन के संस्करण में चौदह है।

के द्वार से सौ पग पर पहुंचता है, राजा अपना मुकुट उतारता है, नया वस्त्र धारण करता है और हाथ में फूल और धूप लिए नंगे पांव नगर से रथ की अगवानी को जाता है। परिचारक पंक्तिबद्ध दोनों ओर रहते हैं। राजा साष्टांग दंडवत कर फूल चढ़ाता है और धूप देता है। जब रथ नगर में प्रवेश करता है, राजद्वार के दरवाजे पर रानी अपनी परिचारिकाओं सहित बैठकर ऊपर से फूल बरसाती है। भूमि पर ढेर के ढेर फूल गिरते हैं। उत्सव बड़े समारोह से मनाया जाता है। प्रत्येक संघाराम के अलग अलग रथ होते हैं। उनकी रथयात्रा के लिए एक एक दिन नियत है। रथयात्रा महीने की पहली तिथि को प्रारंभ हुई और चौदहवीं को पूरी हुई। रथयात्रा की समाप्ति होने पर महाराज और महारानी राजमहल को चले गए।

नगर से पश्चिम सात आठ ली पर एक संघाराम है। इसे राजा का नया विहार कहते हैं। यह अस्सी वर्ष में बना है और पूरे तीन राजाओं के शासनकाल तक बना है। लगभग 250 हाथ ऊंचा होगा। इस पर सुंदर खुदाई का काम और पच्चीकारी है। ऊपर सोने चांदी के पत्र चढ़े हैं और भांति भांति के रत्न जड़े हैं। स्तूप के पीछे बुद्धदेव का मंदिर है। यह अत्यंत रमणीय है। इसकी धरन, स्तंभ, द्वार, केवाड़, जंगले आदि सभी पर सोने का पत्र चढ़ा है। इसके अतिरिक्त भिक्षुओं के रहने की कक्षा भी अति रमणीय, भव्य और सुसज्जित बनी है। शोभा वाणी से वर्णन नहीं की जा सकती। पर्वतमाला के पूर्व छओं जनपदों के राजा अपने बहुमूल्य धन और रत्नों का अधिकांश (इस पर) धर्मार्थ लगाते हैं और अति स्वल्प अंश अपने खर्च में लाते हैं।

चौथा पर्व

सीहून और जीहून

चौथे महीने रथयात्रा समाप्त हुई। शांगशाउ अकेला एक तातारी सज्जन के साथ कुफेन[1] की ओर चला और फाहियान आदि जीहो[2] जनपद की ओर चले। मार्ग में 25 दिन चलकर उस जनपद में पहुंचे। जनपद का अधिपति बड़ा धर्मिष्ठ है। एक सहस्र से अधिक भिक्षु हैं, सब महायान के अनुयायी हैं। यहां पंद्रह दिन रहे, फिर यहां से दक्षिण चार दिन चले

---

1. काबुल प्रदेश
2. इस प्रदेश का अब तक ठीक पता यूरोप के विद्वानों को नहीं चला है। वील साहेब का मत है कि यह यारकंद है। यारकंद खुतन से उत्तर पश्चिम की ओर है। वाटर साहेब का अनुमान है कि यह 'ताशकुर्गन' ही है।

और सुंगलिंग[1] में होकर यूह्वे[2] जनपद में पहुंचे। वर्षा बिताई। विश्राम कर के पहाड़ में 25 दिन चलकर कीचा[3] जनपद में पहुंचे। ह्वेकिंग आदि यहां फिर मिले।

पांचवां पर्व

कीचा वा कैकय

इस समय इस जनपद के अधिपति ने पंच परिषद आमंत्रित किया था। पंच-परिषद पांचवें वर्ष के अधिवेशन को कहते हैं। अधिवेशन होता है तो चारों ओर के श्रमण मेघ की भांति आते हैं। भिक्षुओं के बैठने का स्थान सजाया जाता है, रेशम की ध्वजा चांदनी लगती है, आसन के पीछे सोने चांदी के पद्म के फूल लगाए जाते हैं, साफ सुथरा आसन बिछाया जाता है। श्रमण उन आसनों पर विराजते हैं। राजा अपने बंधुओं और मंत्रियों सहित उनकी यथाविधि पूजा करता है। यह प्रायः वसंत ऋतु के पहले, दूसरे वा तीसरे महीने में होता है। राजा अधिवेशन आमंत्रित करता है। वह अपने बंधुओं और मंत्रियों को विविध भांति की पूजा करने के लिए प्रोत्साहित करता है। इसमें एक, दो, तीन, पांच वा सात दिन लग जाते हैं। पूजा हो चुकने पर राजा अपनी सवारी के घोड़े को मंगाता है, लगाम और चार-जामा कसकर (फिर) अपने जनपद के गणमान्य मंत्रियों को सवार कराता है।[4] इसके अनंतर वह सफेद ऊनी वस्त्र, भांति भांति के बहुमूल्य रत्न, और श्रमणों के व्यवहार योग्य वस्तुओं को

---

1. हिमालय और उसके विस्तार कराकोरम हिंदुकुश आदि जो पामीर तक फैले हैं। यहां पामीर की ऊंची भूमि जो सीहून और जीहून के मध्य है।
2. इस जनपद का भी पता अब तक नहीं चला है। वाटर साहेब का अनुमान है कि यह वर्तमान 'अकताश' है। सुंगलिंग पर्वत पर किसी अंग्रेजी अनुवादक ने कुछ टिप्पणी नहीं लिखी है बिलकुल साफ छोड़ दिया है मानो वह चीन आदि देशों की भांति सामान्य बोधगम्य स्थान है। लेगी ने सुंगलिंग शब्द का अनुवाद Onion mountain अर्थात प्याज का पर्वत भले ही कर डाला है।
3. इसका भी ठीक पता अब तक यूरोपीय विद्वानों को नहीं लगा है। रेमुसट ने इसे कश्मीर, काप्रोथ ने इस्कर्दू, वील ने करचाउ, ईटेल ने खस और लेगी ने लदख वा उसके आसपास का कोई प्रसिद्ध स्थान लिखा है।
4. इस वाक्य का अनुवाद वील ने इस प्रकार किया है, 'राजा अपने दूतों को सेना के प्रधानों और प्रधान आमात्यों के पास अपनी सवारी का घोड़ा लेकर उन्हें सवार कराता है और उन्हें अनेक भांति का उपहार देता है।' और लेगी ने यह किया है कि "प्रधान मंत्रियों को घोड़े पर सवार कराता है।" सबने इन वाक्यों को संदिग्ध और अव्यक्त पाया है।

लेता है और (अपने) बंधुओं और मंत्रियों के साथ पुकार पुकार कर भिक्षुसंघ को देता है। श्रमण जब दान पा जाते हैं तब (राजा) श्रमणों से दाम देकर जो जो चाहे ले लेता है।

यह देश पहाड़ी और ठंडा है। सुनते हैं कि यहां गेहूं के अतिरिक्त और अन्न नहीं होते। भिक्षुसंघ को अग्रहार मिला कि तुषार पड़ने लगा। अतः अब राजा भिक्षुसंघ से अग्रहार पाने के पहले ही गेहूं की उपज के लिये प्रार्थना करता है। इस देश में बुद्धदेव की एक पीकदानी है जो पत्थर की बनी है और बुद्धदेव के भिक्षापात्र के रंग की है। यहां बुद्धदेव का एक दांत भी है। इस जनपद में लोगों ने बुद्धदेव के दांत के लिए स्तूप बना रखा है, वहां एक सहस्र से अधिक हीनयान के भिक्षु रहते हैं। पर्वत के पूर्व के सामान्य लोग मोटा झोंटा वस्त्र पहनते हैं जैसे कि हमारे हान देश में पहना जाता है, पर कोई बारीक पशमीना, कोई कंबल। श्रमणों का आचार आश्चर्यजनक है, इतना विधि-निषेधात्मक कि वर्णनातीत। यह जनपद सुंगलिंग पर्वतमाला के मध्य में है। इस पर्वतमाला से जितना ही आगे बढ़े वनस्पति, वृक्ष और फल सब विभिन्न मिलते गए, केवल बांस, विल्व और ईख ये ही तीन हमारे देश के से होते हैं, यह सुना है।

छठा पर्व

तोले वा दरद

यहां से पश्चिम उत्तर हिंदुस्तान की ओर चले। एक महीना राह चलकर सुंगलिंग पर्वतमाला पार की। सुंगलिंग पर्वतमाला ग्रीष्म में हिमंत तक तुषारावृत रहती है। उस पर विषधर नाग हैं, वे कुपित होकर विषयुक्त वायु छोड़ते हैं, तुषार गिराते, अंधड़ चलाते और पत्थर बरसाते हैं। यहां इन आपत्तियों से बचकर दस हजार में एक भी नहीं निकल पाता।

इस देशवाले इसे हिमालय पर्वत कहते हैं। इस पर्वतमाला को पार कर वे उत्तर हिंदुस्तान में पहुंचे। सीमा में पैर रखते ही एक छोटा जनपद मिला। इसका नाम तोले[1] था। यहां अनेक श्रमण सब हीनयान के अनुयायी हैं। यहां पूर्व काल में एक अर्हत था। वह अपने ऋद्धि साक्षात क्रिया के बल एक चतुर कारु को तुषित स्वर्ग ले गया कि वह मैत्रेय बोधिसत्व की ऊंचाई, वर्ण और रूप देख आवे और आकर उनकी लकड़ी की प्रतिमा बना दे। आदि से अंत तक उसे तीन बार देखने के लिए ऐसा करना पड़ा, तब कहीं मूर्ति बनकर तैयार हुई। उस की ऊंचाई अस्सी हाथ है और आसन पालथी के एक घुटने से दूसरे तक, आठ

---

1. इसे दरद कहते हैं। यह प्रदेश सिंधुनद के दाहिनी ओर है।

हाथ है। उपौसध के दिन इससे शुभ्र प्रकाश निकलता है, सब जनपद के अधिपति इसकी पूजा के लिए होड़ाहोड़ी मचाते हैं। यह अब तक पूर्ववत दिखाई पड़ती है।

सातवां पर्व

नदी पार करना

पर्वतमाला के किनारे किनारे दक्षिण पश्चिम दिशा में चले, पंद्रह दिन चलते रहे। मार्ग कठिन था, चढ़ाई उतराई अधिक थी, किनारा बहुत ढालू पर्वताकार पत्थर की दीवार सा सीधा खड़ा था जिसकी ऊंचाई नीचे से दस हजार हाथ थी। किनारे पर खड़े होने से आंख तिलमिलाती थी। आगे पांव धरने को जगह न थी, नीचे पानी था जिसे हिंतु[1] कहते हैं।

---

1. इसका अनुवाद सिंधु किया गया है। फाहियान ने इसके पूर्व कहीं सिंधु का उल्लेख नहीं किया है। इसी से लेगी ने 14वें पर्व, पृष्ठ 41 नोट 6 में लिखा है कि They had crossed the Indus before. They had done so, indeed,, twice: first from north to south at Skardo or east of it and second as described in Ch. VII अर्थात वे पहिले सिंधु पार कर चुके थे--दो बार और उतर चुके थे--एक तो स्कर्दो के पास, और फिर जिसका वर्णन पर्व 7 में है। सांगयान और हुईसंग के यात्रा विवरण में झूले का उल्लेख है पर वहां सिंधु का नाम नहीं है। डा. ओफ्रैन का मत है कि 'हियन् तू' का अर्थ है, hanging bridge वा वह पुल जो अधर में लटका हो। यहां पर वील, और वाटर ने कनिंगहाम के वर्णन से जो उन्होंने लदाख में सिंधु के मार्ग का वर्णन किया है निम्नलिखित वाक्यों को उद्धृत किया है। From Skardo to Rangdo and from Rangdo to Makpou-i-Shang-rong, for upwards of two miles, the Indus sweeps sullen and dark through a mighty gorge in the mountains, which for wild subilimity is perhaps unequalled. Rangdo means the country of defiles. Between these points the Indus raves from side to side of the gloomy chasm, foaming and chafing with ungovernable fury. Yet even in these inaccessible places has daring and ingenious man triumhed over nature. The yawning abyss is spanned by frail rope bridges, and the narrow ledges of rock are connected by--ladders to form a giddy pathway overhanging the seething caldron below" सारांश यह है कि स्कर्दो से रोंगड़ो तक और रोंगड़ो से माक्शेई-शांग-रोंग तक सिंधु नद में बड़े बड़े खड्ड और दर्रे पड़े हैं पर मनुष्यों ने वहां भी तंग दर्रे में खड्डों पर रस्सी के लटकते हुए पुल वा झूले बनाकर राह बना ली है। संभव है कि और नदियों में भी एकाध झूले हों जिनका उल्लेख चीनी यात्रियों ने किया है।

आगे के लोगों ने यहां पत्थरों को काटकर राह बना दी है--सीढ़ियां बनी हैं--सात सौ सीढ़ियां सब हैं। सीढ़ियों के नीचे रस्सी का झूला है। इसी पर नदी पार करते हैं, नदी का पाट अस्सी पग है। इसका उल्लेख 'क्यूयी'[1] में है चांगकीन[2] वा कानयिंग[3] यहां पहुंचे नहीं थे।

सब भिक्षुओं ने फाहियान से पूछा कि बौद्ध धर्म पूर्व में कब[4] गया, बता सकते हो। फाहियान ने उत्तर दिया--उस ओर वालों से पूछा था, वे कहते थे कि बाप दादों से सुनते आते हैं कि मैत्रेय बोधिसत्व की मूर्ति स्थापन कर हिंदुस्तान के भिक्षु सूत्र और विनय लेकर नदी पार गए। मूर्ति की स्थापना बुद्धदेव के परिनिर्वाण काल से तीन सौ वर्ष पीछे हुई। उस समय हान देश में चाव वंशी महाराज पिंग[5] का राज्य था। इस वाक्य से यह प्रमाणित है कि हमारे धर्म का प्रचार इस मूर्ति के स्थापन (काल) से प्रारंभ हुआ। भगवान मैत्रेय धर्मराज हैं, उसी शक्य वंशावतंस ने त्रिरत्न की घोषणा की है और यहां आकर पार के लोगों को धर्मोपदेश दिया है। हमें ठीक मालूम है कि अश्रुतपूर्व धर्म का यह उद्घाटन (प्रचार) किसी मनुष्य का किया नहीं है अतः हान के सम्राट मिंग[6] का स्वप्न सहेतुक था।

---

1. मूल में 'क्यूयी' पद है जिसका अर्थ है 'राजविस्तार का विवरण' पर लेगी ने Records of nine Interpreters' अर्थात नौ द्विभाषियों का विवरण लिखा है। ये द्विभाषिए चीनी सेना के साथ पश्चिम देशों पर आक्रमण करते समय आए थे।
2. लेगी का कथन है कि हान के महाराज 'वू' के समय में (140--87 ईसा से पूर्व) चांगकीन आमात्य था। वह पहले चीन की सीमा अतिक्रमण कर पश्चिम के देशों में जहां अब तुर्किस्तान है घुसा था। उसी के द्वारा 115 वर्ष ईसा से पूर्व चीन और अन्य पश्चिम के 36 राज्यों में वाणिज्य संबंध प्रतिष्ठित हुआ था। रमुसेट ने चांगकीन को हानवंशी 'कूटी' सम्राट का सेनापति लिखा है और कहा है कि उसने 112 ई. में मध्य एशिया में आक्रमण किया था। लेगी साहेब यह भी लिखते हैं कि चांगकीन के विवरणों का अनुवाद वील साहेब ने हानवंश को पहली पुस्तक से कर के Anthropological Institute के जर्नल 1880 में प्रकाशित किया है।
3. 'कानयिंग' 'पान-चाव' की ओर से रोम के सम्राट के पास दूत बन के गया था और कश्यप सागर तक जाके लौट आया था। इसका विवरण हानवंश की द्वितीय पुस्तक में है।
4. लेगी ने 'कब और कहां' लिखकर नोट में लिखा है कि संभवतया सिंधु पार कर जहां ठहरे।
5. पिंग का शासन काल 750--719 तक ईसा के पूर्व में था। इससे बुद्धदेव का परिनिर्वाण काल ईसा से पूर्व ग्यारहवीं शताब्दी निश्चय होता है। पर बुद्धदेव का परिनिर्वाण काल 480 से 470 वर्ष ईसा से पूर्व माना जाता है।
6. 61 ईसवी में मिंग ने यह स्वप्न देखा था। दे. उपक्रम।

आठवां पर्व

उद्यान जनपद

नदी पार करते ही उचांग[1] (उद्यान) जनपद पहुंचे। यह उद्यान जनपद वस्तुतया उत्तरीय हिंदुस्तान का देश है। लोग मध्य हिंदुस्तान की भाषा बोलते हैं। मध्य हिंदुस्तान कहते हैं मध्य जनपद देश को। सामान्य लोगों का असन बसन मध्य देश के समान ही है। बौद्ध धर्म का प्रभुत्व है। श्रमणों के आवास स्थान को 'संघाराम' कहते हैं। यहां सब पांच सौ संघाराम हैं। सब हीनयानानुयायियों के हैं। अतिथि भिक्षु उनमें आवें तो तीन दिन तक उन्हें भोजन दिया जाता है। तीन दिन बीत जाने पर कह दिया जाता है कि अपना आश्रय ढूंढ़ो।

जनश्रुति है कि जब बुद्धदेव उत्तर हिंदुस्तान में आए तो पहले इस जनपद में पधारे। यहां बुद्धदेव के पद का चिह्न बना है। वह दर्शकों की वृत्ति के अनुसार छोटा बड़ा देख पड़ता है। वह अब तक बना है और उसकी सारी बातें आज तक वैसी ही हैं। शिला जिस पर आकर यहां वस्त्र सुखाया था, वह जगह जहां पर नाग को उपदेश दिया था अब तक वैसी ही देख पड़ती है। शिला चौदह हाथ ऊंची, बीस हाथ चौड़ी, और एक ओर चिकनी है।

ह्वेकिंग, ह्वेताः और तावचिंग तीनों यहां से बुद्धदेव की छाया का दर्शन करने नागर जनपद की ओर चले गए। फाहियान आदि उद्यान में रह गए और वर्षा बिताई। बर्षा बीतने पर दक्षिण उतरे और सुहोतो[2] जनपद में पहुंचे।

नवां पर्व

सुहोतो जनपद

इस देश में बौद्ध धर्म प्रधान है। पूर्वकाल में देवराज शक्र ने इस स्थान पर श्येन और कपोत

---

1. यह जनपद सुवास्तु प्रदेश में है और स्वात नदी के दून के उत्तरीय भाग में है।
2. यह स्वात नद के नीचे का जनपद था। इसे स्वात कहते है। यह स्वात की घाटी का दक्षिणी भाग है।
3. यह कथा कपोत वा शिवि जातक में है। पुराणों में इसी कथा को शिवि की धर्म परीक्षा के नाम से लिखा है। देवराज शक्र स्वयं श्येन वन और अग्नि को कपोत बना राजा शिवि के पास आए थे। कपोत राजा शिवि के गोद में गिर पड़ा था। शिवि ने उसकी रक्षा की और कपोत के कहने से अपने शरीर के मांस को काटकर उसके बराबर तौल कर श्येन को दिया था।

व्याज से एक बोधिसत्व की परीक्षा की थी। उसने अपना मांस काटकर कपोत के बदले में दिया था। बुद्धदेव ने बोधिज्ञान प्राप्त किया। उन्होंने अपने शिष्यों समेत यात्रा के समय उनसे कहा कि यही स्थान है जहां मैंने अपना मांस काटकर कपोत के बदले में दिया था। जनपद अधिवासियों को इस प्रकार वृत्तांत का ज्ञान हुआ और उन्होंने इस जगह स्तूप बनाया और सोने चांदी के पत्र उस पर चढ़ाए।

दसवां पर्व

गांधार

यहां से पूर्व उतर कर पांच दिन चले। गांधार[1] जनपद में पहुंचे। यहां अशोक का राजकुमार धर्मवर्द्धन[2] शासक था। बुद्धदेव ने जब वे बोधिसत्व थे तब इस जनपद में एक मनुष्य को अपनी आंख का दान दिया था।[3] इस जगह बड़ा स्तूप बना है। उस पर सोने चांदी के पत्र चढ़े हैं। इस जनपद के अधिवासी सब हीनयान के अनुयायी हैं।

ग्यारहवां पर्व

तक्षशिला

यहां से पूर्व और सात दिन चलकर तक्षशिरा[4] नामक जनपद में पहुंचे। तक्षशिरा कहते हैं शिर कटे को। बुद्धदेव ने जब वे बोधिसत्व थे तब इस जगह अपना शिर एक मनुष्य को

---

1. यह जनपद बहुत विस्तृत था। सारे अफगानिस्तान का दक्षिण भाग इसमें सम्मिलित था। इटेल ने ढेरी और वंजौर तक इसका विस्तार लिखा है।
2. इस नाम के अशोक के किसी कुमार का पता नहीं चलता।
3. यह भी जातक की कथा है।
4. इसे तक्षशिला कहते हैं। यह रावलपिंडी से 22 मील पर थी। यहां तीन नगरों के खंडहर मिलते हैं, एक भीड़ टीले के पास, दूसरा सिरकप, और तीसरा सिरसुख। तीनों एक दूसरे के उजड़ने पर बसे थे। सिरकप भी फाहियान के आने के पूर्व उजड़ चुका था। उस समय सिरमुख ही में नगर बसा था। यहां की खुदाई से पुरातत्व विभाग के काम की अनेक चीजें और अनेक स्तूपों के खंडहर मिले हैं।

दान किया था।[1] इसी कारण इसका ऐसा नाम पड़ा। पूर्व दिशा में दो दिन चलकर उस स्थान पर पहुंचे जहां बोधिसत्व ने भूखी बाघिन को अपने शरीर का दान दिया था।[2] दोनों स्थानों पर बड़े बड़े स्तूप बने हैं। उन पर बहुमूल्य धातुओं के पत्र चढ़े हैं। राजा मंत्री और जन साधारण उनकी पूजा करते हैं। इन दोनों स्तूपों पर पुष्प और दीप चढ़ानेवालों का कभी तांता नहीं टूटता। इधर के लोग इसे चतुःस्तूप[3] कहते हैं।

बारहवां पर्व

पुरुषपुर

गांधार जनपद से दक्षिण ओर चार दिन चलकर पुरुषपुर[4] जनपद में पहुंचे। बुद्धदेव ने जब अपने शिष्यों समेत इस देश की यात्रा की तो आनंद से कहा। मेरे परिनिर्वाण के पीछे इस देश में कनिष्क नामक राजा होगा। वह यहां स्तूप बनवायेगा। पीछे कनिष्क[5] संसार में उत्पन्न हुआ। वह सैर करने जा रहा था कि देवराज शक्र उसे चेतावनी देने के लिए, ग्वालबाल का रूप धारण कर राह में स्तूप बनाने लगे। राजा ने पूछा कि तू क्या बना रहा है? उसने उत्तर दिया कि बुद्धदेव का स्तूप बनाता हूं। राजा ने कहा बहुत अच्छा। यह कह राजा ने भी बालक के छोटे स्तूप के ऊपर चार सौ हाथ ऊंचा और अनेक रत्नों से जटित दूसरा स्तूप बनवा दिया। अनेक स्तूप और मंदिर यात्रा में देखे पर इतना सुंदर और भव्य कोई और न मिला। कहते हैं कि जंबूद्वीप में यह स्तूप सबसे उत्तम है। राजा ने यह स्तूप उस छोटे स्तूप पर बनवा तो दिया पर वह बड़े स्तूप के दक्षिण ओर तीन हाथ से अधिक ऊंचा निकल आया।

बुद्धदेव का भिक्षापात्र भी इस जनपद में है। पूर्व काल में यूशे[6] राजा ने बड़ी सेना

---

1. बुद्धजातक की एक कथा है।
2. बुद्धजातक का व्याघ्री जातक
3. कपोत स्तूप, चक्षुस्तूप, और दो ये स्तूप
4. पेशावर
5. विंसेट स्मिथ साहेब ने लिखा है कि कनिष्क 120 वा 128 में राज सिंहासन पर बैठा था, कोई कोई इसका 10 ई. में सिंहासन पर बैठना बताते हैं।
6. यूशे लोग 173 ई. पू. चीन के उत्तर पश्चिम से निकाले गए थे और 160 ई. में उन्होंने शकों को पराजित किया था। फिर शकों ने आक्षस नदी के उत्तर उन्हें भगा दिया। इसके बहुत दिन बाद ई.पू. 459 में काडफाइसस ने यूशे को एकत्र किया। इटल का मत है कि ये लोग शक और तातार थे और ई.पू. 180 में हूनों ने उन्हें निकाल दिया था तब आक्षस के पास देश को बाखतर से 126 ई.पू. में उन्होंने छीन लिया और अंत को पंजाब काश्मीर आदि विजय किया।

लेकर इस देश पर आक्रमण किया था और बुद्धदेव को उठा ले जाना चाहा था। उसने इस जनपद को विजय कर लिया। यूशेः राजा और उसका सेनापति बौद्ध धर्म के मानने वाले थे और भिक्षापात्र ले जाने के लिए उन्होंने जाकर बड़ी पूजा की। त्रिरत्न की बड़ी पूजा कर एक बड़ा हाथी सजाकर भिक्षापात्र उस पर रखा गया पर हाथी भूमि पर घुटने के बल बैठ गया और आगे न बढ़ा। फिर चार पहिये की गाड़ी पर भिक्षापात्र को रखा और आठ हाथी जोते पर वे भी उसे न खींच सके। राजा जान गया कि भिक्षापात्र को गजरथ पर ले जाने का संयोग नहीं है। वह अत्यंत खिन्न और लज्जित हुआ। निदान उसने वहां एक स्तूप और संघाराम बनवा दिए। रक्षा के लिए रक्षक नियत किया और नाना प्रकार के दान दिए।

यहां सात सौ से अधिक श्रमण होंगे। जब मध्याह्न होता है श्रमण भिक्षापात्र बाहर निकालते हैं और गृहस्थों[1] के साथ उस की विविध भांति से पूजा करते हैं, तब मध्याह्न का भोजन करते हैं। सायं काल धूप देने का समय आता है तब फिर ऐसा ही करते हैं। इसमें दो पेकू से अधिक आ सकता है। यह कृष्णवर्ण की प्रधानता लिए अनेक वर्ण का है। इसकी मोटाई एक इंच के पांचवें हिस्से के बराबर है और कांति बड़ी उज्वल तथा जगमगाती हुई है। चारों तहें अलग अलग दो दो के बीच जोड़ सी दिखाई पड़ती हैं। गरीबों के थोड़े फूल चढ़ाने से यह तुरत भर जाता है पर यदि कोई बड़ा धनी बहुत-सा फूल चढ़ाने की इच्छा करे तो फूलों की सौ सहस्र क्या अयुत टोकरियों से भी नहीं भरता।

'पावयुन' 'सांगकिंग', ने बुद्धदेव के भिक्षापात्र की पूजा कर लौटना चाहा। ह्वेकिंग, ह्वेताः और तावचिंग पहले ही नगर की ओर बुद्धदेव की छाया, बुद्धदेव के दांत और कपाल धातु की पूजा करने चले गए थे। ह्वेकिंग तो बीमार पड़ गया, तावचिंग उसकी सेवा के लिए रह गया। ह्वेताः अकेला पुरुषपुर गया और उसने सबको देखा। फिर ह्वेताः, पावयुन और सांगकिंग चीन देश को लौट गए। भिक्षापात्र के विहार में ह्वेकिंग की दशा बिगड़ती गई।[2] इस पर फाहियान ने बुद्धदेव के कपालधातु की ओर का मार्ग लिया।

---

1. चीनी भाषा के मूल में "श्वेताम्बर" है। भिक्षु ही रंगे वस्त्र धारण करते हैं इसीलिये यह शब्द गृहस्थों के लिए प्रयुक्त हुआ है।
2. चीनी भाषा के मूल में जो चिह्न है उसका अभिप्राय है 'अवस्था का बिगड़ते जाना' पर उसे न समझ कर लेगी आदि ने came to his end और श्रीयोगीन्द्रनाथ समाहार ने 'तथाय देहावसान करिलेन' उसी के आधार पर अनुवाद किया है। लेगी साहेब 13 पर्व में ह्वेकिंग की मृत्यु का वर्णन देख चकरा गए हैं। वे इस पर्व के नोट में लिखते हैं This should be Hwuy-ying. King was at this time ill in Nagar and indeed afterwards he dies in crossing the little snowy mountains, but all the texts make him die twice. The confounding of the two names has been

तेरहवां पर्व

नगार व नगरहरा

दक्षिण दिशा में 16 योजन चलकर नगार जनपद की सीमा पर हेलो[1] नगर में पहुंचे। इस नगर में बुद्धदेव का कपालधातु एक विहार में है। विहार पर सोने के पत्र चढ़े हैं और सप्तरत्न जड़े हैं। जनपद का राजा कपालधातु का बड़ा मान करता है और उसे चिंता रहती है कि चोर न ले जाएं। जनपद के अच्छे कुलों के आठ मनुष्यों को नियत किया है। प्रत्येक को एक एक चाबी दे दी है। चाबी से बंद करते और रक्षा करते हैं। केवाड़ खोलकर सुगंधित जल से हाथ धोते हैं, फिर बुद्धदेव के कपालधातु को निकाल कर विहार के बाहर ऊंचे सिंहासन पर रखते हैं। यह सप्तरत्न के संपुट में रहता है जिस पर स्फटिक का ढक्कन होता है और मोतियों की झालर लगी रहती है। धातु पीताभ श्वेत वर्ण है, चार इंच[2] भर गोलाई में है और बीच में उभरा हुआ है। विहार से बाहर निकालने वाले ऊंचे मचान पर चढ़कर बड़ा डंका बजाते हैं, शंखध्वनि करते और तांबे की झांझ ठोकते हैं। राजा शब्द सुनकर विहार में जाता है, पुष्प और धूप से पूजा करता और विनती करके चला जाता है।[3] पश्चिम के द्वार से जाता और पूर्व के द्वार से आता है। नित्य प्रातःकाल के समय राजा पूजा करता है। पूजा करके फिर राज्य का काम करता है। यहां के सेठ लोग भी पहले यहां पूजा करके तब फिर अपने घर का काम काज करते हैं। नित्य प्रति ऐसा ही होता है। क्रिया में तनिक भी व्यतिक्रम नहीं होने पाता। पूजा हो जाती है तो धातु विहार में रख देते हैं। यह सप्त-धातु निर्मित 'विमोक्ष स्तूप'[4] निकालने और रखने के समय खुलता और बंद होता है। यह पांच हाथ ऊंचा है। विहार के द्वार पर प्रातःकाल के समय फूल

---

pointed out by Chinese critics. अर्थात यह ह्वेयिंग होना चाहिए। किंग उस समय नगार में बीमार पड़ा था और वह पीछे छोटा हिमालय पार करते मरा, पर सब मूल ग्रंथों में इसका दो बार मरना लिखा है! चीनी आलोचकों ने भी इन दोनों नामों की गड़बड़ी स्वीकार की है। वे 14 पर्व के नोट 1 में घबरा कर लिखते हैं कि all the texts have Hwuyking, see note 2. page 36. chap. viii. अर्थात सब मूल ग्रंथों में ह्वेकिंग है, देखो नोट 2 पृष्ठ 36। पर लेगी साहब को यह न सूझी कि कपालधातु नगार ही में थी। मालूम होता है कि कपालधातु संघाराम को उन्होंने भ्रमवश नगार से पृथक समझा।

1. इसे अब हिडडा कहते हैं। यह पेशावर के पश्चिम जलालाबाद से पांच मील दक्षिण है। इस जनपद को नगरहरा भी कहते थे।
2. सुएनच्वांग ने 12 इंच लिखा है।
3. लेगी ने लिखा है कि सब यथाक्रम हो जाने पर सिर पर रखता है।
4. वह स्तूप जिसके भीतर धातु के रखने और निकालने का मार्ग बना हो।

और धूप बेचनेवालों की भीड़ लगी रहती है। पूजा करने वाले उनसे मोल लेकर चढ़ाते हैं। अनेक देश के राजा सदा अपनी ओर से यहां पूजा करने के लिए दूत भेजते रहते हैं। विहार तीस पग घेरे में है। आकाश हिले, पृथ्वी धंसे, पर यह स्थान नहीं हिल सकता।

यहां से उत्तर एक योजन चलकर नगार जनपद की राजधानी में पहुंचे। यहां बुद्धदेव ने जब वे बोधिसत्व थे फूलों की पांच डालियां मोल लेकर दीपंकर बुद्ध को अर्पण की थीं। नगर के मध्य में बुद्धदेव का दंतस्तूप है। वहां भी कपालधातु की भांति पूजा होती है।

नगार के पूर्व एक योजन चलकर एक दून के मुहाने (नाके) पर पहुंचे। यहां बुद्धदेव का दंड है।[1] यहां पर भी विहार बना है और पूजा होती है। दंड गोशीर्ष चंदन का बना हुआ सत्रह अठारह हाथ लंबा है और लकड़ी की चोंगी में रखा है। सैकड़ों हजारों मनुष्यों से भी नहीं उठ सकता।

दून के मुहाने से होकर पश्चिम की ओर चलने पर बुद्धदेव की संघाली[2] मिलती है। यहां पर भी एक विहार है और पूजा होती है। इस देश के लोगों में यह चाल है कि जब अवर्षण पड़ता है तो देश के लोग झुंड के झुंड इकट्ठे होकर उस वस्त्र को निकालते हैं और पूजा अर्चा करते हैं, तब दैव बरसता है।

नगर के दक्षिण आधे योजन पर पर्वत में एक पहाड़ी गुफा है जिसका द्वार दक्षिण पश्चिमाभिमुखी है। इसमें बुद्धदेव की छाया है। दस पग से अधिक दूर जाकर देखने से साक्षात दर्शन होता है। उनके स्वर्णाभ वर्ण और लक्षण[3] स्पष्ट और स्वच्छ दिखाई पड़ते हैं, पर ज्यों ज्यों पास जाओ स्वप्नवत विलीन होते जाते हैं। सब देशों के राजा बड़े बड़े चतुर चितेरे प्रतिकृति बनाने के लिए भेजते भेजते हार गए, पर कोई बना न सका। इस देश के लोगों में यह प्रवाद चला आता है कि सहस्र बुद्धों की छाया यहां रहेगी।

छाया के दक्षिण चार सौ पग पर जब बुद्धदेव यहां आए थे तो उन्होंने अपना केश और नख छेदन किया था। फिर अपने शिष्यों के साथ जाकर सत्तर अस्सी हाथ ऊंचा स्तूप बनाया था जो पीछे के स्तूपों का नमूना हुआ। वह आज लों है। इसके निकट एक संघाराम भी है वहां लगभग सात सौ श्रमण रहते हैं। इस स्थान पर अर्हत और प्रत्येक बुद्ध के स्तूप पर सहस्र के लगभग होंगे।

---

1. आईसिंग ने लिखा है कि मैंने अपनी आंखों देखा है कि भारतवर्ष में दंड के ऊपर लौह की कुबड़ी होती है जिसका व्यास दो वा तीन इंच और मध्य से चार पांच अंगुल धातु की छड़ की भांति मोटा होता है। यह दंड दृढ़ और कड़ी लकड़ी का होता है और पैर से भौं तक ऊंचा होता है, नीचे लौह की सामी होती है।
2. इसे संघाती भी कहते हैं।
3. महापुरुषों के बत्तीस लक्षण। दे. 'बुद्धदेव'।

चौदहवां पर्व

ह्वेकिंग की मृत्यु-लोई और पोना जनपद

यहां तीन मास जाड़े भर रहकर फाहियान आदि तीन जन दक्षिण ओर छोटे हिमाद्रि पर गए। हिमाद्रि[1] जाड़े गर्मी दोनों में तुषारावृत्त रहता है। पर्वत के उत्तर छाया में उन्हें ठंडी वायु चलती मिली। सबके सब ठठुरकर मूक रह गए। ह्वेकिंग तो बेकाम हो गया और उसके मुंह से फिचकुर निकल पड़ा। वह फाहियान से बोला कि मैं तो जीने का नहीं, तुम शीघ्र यहां से भागो, ऐसा न हो कि सब के सब यहीं मर जाएं। इतना कहकर वह तो मर गया। फाहियान उसके शव को पीट पीट यह कहकर चिल्लाकर रोने लगा कि मुख्य उद्देश्य पर पानी फिर गया[2]--भाग्य, हम क्या करें? निदान उठे और दक्षिण पर्वतमाला को ज्यों त्यों पार कर कर लोई[3] जनपद में पहुंचे। यहां लगभग तीन सहस्र महायान और हीनयानानुयायी श्रमण रहते हैं। वहां वर्षावास के लिए ठहरे। उसे बिताकर दक्षिण ओर दस दिन चल कर पोना[4] जनपद में पहुंचे। वहां तीन सहस्र के लगभग हीनयानानुयायी श्रमण रहते हैं। यहां से पूर्व दिशा में तीन दिन चले फिर 'हिंतू'[5] पार किया। इस पार की भूमि समथर और नीची थी।

पंद्रहवां पर्व

पीतू वा पंजाब

नदी पार करते ही पीतू[6] नामक जनपद पड़ा जहां बौद्ध धर्म का बड़ा प्रचार था। सब महा ान और हीनयान के अनुयायी थे। चीन देश से अपने सहधर्मी को आया देख उन्होंने

---

1. सफेद कोह। हिमाद्रि से छोटा है इसलिए इसे छोटा हिमाद्रि लिखा है।
2. वील ने इसका अनुवाद 'Our purpose was not to produce fortune' और लेगी ने "Our original plan has failed" किया है।
3. लोई वा रोही--काबुल के एक भाग का नाम जो सफेद कोह के दक्षिण और कुर्रम नदी के आसपास है।
4. 'बन्नू' यह पंजाब में है।
5. यहां भी हियंतु शब्द है जिसे सिंधु लिखा है।
6. सिंधुनद के बाएं किनारे का देश। इसमें सारा पंजाब सम्मिलित था।

बड़ी करुणा और सहानुभूति प्रगट की। कहने लगे कि प्रांत में रहकर ये लोग प्रवज्या लेकर धर्म की खोज में आए। उनकी इच्छा पूर्ण की और धर्मानुसार उनसे व्यवहार किया।

सोलहवां पर्व

मथुरा

यहां से दक्षिण पूर्व दिशा में अस्सी योजन चले। मार्ग में लगातार बहुत से विहार मिले जिनमें लाखों श्रमण मिले। सब स्थानों में होते हुए एक जनपद में पहुंचे। जनपद का नाम मताऊला (मथुरा) था। पूना नदी के किनारे किनारे चले। नदी के दहिने बाएं बीस विहार थे जिनमें तीन सहस्त्र से अधिक भिक्षु थे। बौद्ध धर्म का अच्छा प्रचार अब तक है। मरुभूमि से पश्चिम हिंदुस्तान के सभी जनपदों में जनपदों के अधिपति बौद्ध धर्मानुयायी मिले। भिक्षु संघ को भिक्षा कराते समय वे अपने मुकुट उतार डालते हैं। अपने बंधुओं और आमात्यों सहित अपने हाथों से भोजन परसते हैं। परस कर प्रधान[1] के आगे आसन बिछवा कर बैठ जाते हैं। संघ के सामने खाट पर बैठने का साहस नहीं करते। तथागत के समय जो प्रथा राजाओं में भिक्षा कराने की थी वही अब तक चली आती है।

यहां से दक्षिण मध्य देश कहलाता है। यहां शीत और उष्ण सम है। प्रजा प्रभूत और सुखी है। व्यवहार की लिखा पढ़ी और पंच पंचायत कुछ नहीं है। लोग राजा की भूमि जोतते हैं और उपज का अंश देते हैं। जहां चाहें जाएं, जहां चाहें रहें। राजा न प्राणदंड देता है और न शारीरिक दंड देता है। अपराधी को अवस्थानुसार उत्तम साहस व मध्यम साहस का अर्थदंड दिया जाता है। बार बार दस्यु कर्म करने पर दक्षिण करच्छेद किया जाता है। राजा के प्रतिहार और सहचर वेतन-भोगी हैं। सारे देश में कोई अधिवासी न जीवहिंसा करता है, न मद्य पीता है और न लहसुन प्याज खाता है; सिवाय चांडाल के। दस्यु को चांडाल कहते हैं। वे नगर के बाहर रहते हैं और नगर में जब पैठते हैं तो सूचना के लिए लकड़ी बजाते चलते हैं, कि लोग जान जाएं और बचा कर चलें, कहीं उनसे छू न जाएं। जनपद में सूअर और मुर्गी नहीं पालते, न जीवित पशु बेचते हैं, न कहीं सूनागार और मद्य की दूकानें हैं। क्रय विक्रय में कौड़ियों का व्यवहार है। केवल चांडाल मछली मारते, मृगया करते और मांस बेचते हैं।

बुद्धदेव के बोधि लाभ करने पर सब जनपदों के राजा और सेठों ने भिक्षुओं के लिए

---

1. संघ का नायक। यह काई "महास्थविर" होता था जो संघ में विद्या-वयो-वृद्ध होता था।

विहार बनवाए। खेत, घर, वन, आराम वहां की प्रजा और पशु को दान कर दिया। दानपत्र ताम्रपत्र पर खुदे हैं। प्राचीन राजाओं के समय से चले आते हैं, किसी ने आज तक विफल नहीं किया, अब तक वैसे ही हैं। विहार में संघ को खान पान मिलता है, वस्त्र मिलता है, आए गए को वर्षा में आवास मिलता है।[1]

श्रमणों का कृत्य शुभ कर्मों से धर्मोपार्जन करना, सूत्र का पाठ करना और ध्यान लगाना है। आगंतुक (अतिथि) भिक्षु आते हैं तो रहनेवाले (स्थायी) भिक्षु उन्हें आगे बढ़कर लेते हैं। उनके वस्त्र और भिक्षापात्र स्वयं ले आते हैं। उन्हें पैर धोने को जल और सिर में लगाने को तेल देते हैं। विश्राम ले लेने पर उनसे पूछते हैं कि कितने दिनों से प्रव्रज्या ग्रहण की है फिर उन्हें उनकी योग्यता के अनुसार आवास देते हैं और यथानियम उनसे व्यवहार करते हैं।

भिक्षु संघ के स्थान पर सारिपुत्र, महा मौद्गलायन और महाकश्यप के स्तूप बने रहते हैं और वहीं अभिधर्म, विनय और सूत्र के स्तूप भी होते हैं। वर्षा से एक मास पीछे उपासक लोग भिक्षुओं को दान देने के लिए परस्पर स्पर्द्धा करते हैं। सब ओर से लोग साधुओं को विकाल के लिए 'पेय' भेजते हैं। भिक्षु संघ के संघ आते हैं, धर्मोपदेश करते हैं, फिर सारिपुत्र के स्तूप की पूजा माला और गंध से करते हैं। रात भर दीपमालिका होती है और गीत वाद्य कराया जाता है।

सारिपुत्र कुलीन ब्राह्मण थे। तथागत से प्रव्रज्या के लिए प्रार्थना की। महामौद्गलायन और महाकश्यप ने भी यही किया था। भिक्षुनी प्रायः आनंद के स्तूप की पूजा करती हैं। उन्होंने ही तथागत से स्त्रियों को प्रव्रज्या देने की प्रार्थना की थी। श्रामणेर राहुल की पूजा करते हैं। अभिधर्म के अभ्यासी अभिधर्म की विनय के अनुयायी विनय की पूजा करते हैं। प्रति वर्ष पूजा एक बार होती है। हर एक के लिए दिन नियत है। महायान के अनुयायी प्रज्ञापारमिता, मंजुश्री[2] और अवलोकितेश्वर[3] की पूजा करते हैं।

जब भिक्षु वार्षिकी अग्रहार पा जाते हैं तब सेठ और ब्राह्मण लोग वस्त्र और अन्य उपस्कार बांटते हैं। भिक्षु उन्हें लेकर यथाभाग विभक्त करते हैं। बुद्धदेव के बोधि प्राप्त काल से ही यह रीति, आचार व्यवहार और नियम अविच्छिन्न लगातार चले आते हैं। हियंतु उतरने के स्थान से दक्षिण हिंदुस्तान तक और दक्षिण समुद्र तक चालीस पचास हजार ली तक चौरस (भूमि) है, इसमें कहीं पर्वत झरने नहीं हैं, नदी का ही जल है।

---

1. अंग्रेजी अनुवादकों ने इस वाक्य का अनुवाद न जाने क्यों छोड़ दिया है।
2. इन्हें महामति कुमार भी कहते हैं। यह एक बोधिसत्व है।
3. चीनी में इसे कावूनेशेयेन कहते हैं। तिब्बत में यह महापुरुष है पर जापान के लोग इसे देवी मानते हैं।

सत्रहवां पर्व

संकाश्य

यहां से दक्षिण पूर्व अठारह योजन चले--संकाश्य[1] नामक जनपद मिला। जब बुद्धदेव त्रयस्त्रिंश स्वर्ग गए थे, तो तीन मास अपनी माता को अभिधर्म का उपदेश देकर उसी जगह उतरे थे। बुद्धदेव त्रयस्त्रिंश स्वर्ग अपनी दिव्य[2] शक्ति से गए थे, अपने शिष्यों को भी न बतलाया था। वर्षा बीतने में जब सात दिन रह गए तब दृष्टि-अवरोध दूर हुआ। अनिरुद्ध ने दिव्यचक्षु से भगवान को देखा और तत्क्षण आयुष्मान मौद्गलायन से कहा कि जाकर भगवान का अभिवादन करो। मौद्गलायन भगवान के पास गया और अभिवादन करके उसने उनसे संभाषण किया। बुद्धदेव ने कहा कि सात दिन पीछे जंबूद्वीप में उतरूंगा। मौद्गलायन लौट आया। फिर आठों जनपद के अधिपति आमात्य और प्रजावर्ग जो बुद्धदेव के दर्शन के प्यासे थे इस जनपद में भगवान के दर्शन के लिए एकत्र होने लगे। भिक्षुनी उत्पला ने अपने मन में कहा कि आज देश देश के राजा आमात्य और प्रजावर्ग भगवान को मिलने आए हैं। मैं साधारण स्त्री हूं कैसे भगवान का पहले अभिवादन कर सकूंगी। बुद्धदेव ने अपनी दिव्य शक्ति से उसे चक्रवर्ती राजा बना दिया। उसने बुद्धदेव का पहले अभिवादन किया।

बुद्धदेव जब त्रयस्त्रिंश धाम से आए थे तो उतरते समय तीन निःश्रेणियां प्रगट हुई थीं। बुद्धदेव मध्य की निःश्रेणी पर थे। वह सप्त-रत्नमयी थी। ब्रह्मलोक के महाराज ने दाहिनी ओर चांदी की निःश्रेणी प्रगट की थी और वे श्वेत चामर लेकर खड़े थे। देवराज शक्र ने बाईं ओर तप्त कांचन की निःश्रेणी प्रगट की थी और वे सप्त रत्नमय छत्र लेकर खड़े थे। अनगिनत देवगण बुद्धदेव के साथ उतरे थे। तीनों निःश्रेणियां भूमि में धंस गईं, केवल सात आरोह देखने को बच गये थे। पीछे राजा अशोक ने यह जानने के लिए कि नींव कहां है, खोदने के लिए आदमी भेजे, पीले पानी तक खोदी गई, पर अंत न मिला। राजा की श्रद्धा भक्ति बढ़ गई, उसने आरोह का विहार बनवाया और मध्य के आरोह पर 16 हाथ की मूर्ति स्थापित की, विहार के पीछे तीस[3] हाथ ऊंचा स्तंभ बनवाया, जिसके ऊपर सिंह बना है। स्तूप के चारों ओर बुद्धदेव की मूर्ति बनवाई। भीतर बाहर स्वच्छ स्फटिक

---

1. कन्नौज के पश्चिम फरुर्खाबाद जिले में संकसिया के पास इसके खंडहर हैं।
2. कोई-कोई इसे 'ऋद्धि' भी कहते हैं।
3. चीनी भाषा में चाउ है। वह लगभग हाथ भर का होता है। अंग्रेजी अनुवादकों ने 50 हाथ लिखा है।

ऐसा चमकीला है। यहां जैनियों[1] के आचार्यों ने भिक्षुओं से इस स्थान के अधिकार पर विवाद किया। भिक्षु निग्रह स्थान में आ रहे थे। विपक्षियों ने शपथ किया और कहा कि भिक्षुओं के पक्ष का अधिकार हो तो कुछ दैवी साक्षी मिले। विपक्षियों का यह कहना था कि स्तूप पर का सिंह बड़े जोर से तड़पा। साक्षी देख विपक्षी डर गए और पराजित होकर वहां से भाग गए।

बुद्धदेव तीन मास तक स्वर्ग का अन्न खाते रहे थे, उनकी देह से देवताओं की बास आती थी। वह सामान्य मनुष्यों में नहीं होती। उन्होंने तत्क्षण स्नान किया था। पीछे लोगों ने उस जगह को तीर्थ स्थान बनाया। वह तीर्थ स्थान अब तक है।

जिस स्थान पर उत्पला ने बुद्धदेव का अभिवादन किया था वहां स्तूप बना है। जहां बुद्धदेव आकर बैठे, जहां केश नखछेदन किया वहां स्तूप बने हैं। जहां पूर्व के तीन बुद्ध और शाक्यमुनि बुद्ध बैठे, जिस स्थान पर चंक्रमण किया, जिस स्थान पर सब बुद्धों की छाया है, सर्वत्र स्तूप बने हैं। इस स्थान पर लगभग चार हजार श्रमण होंगे। सब संघ के भंडार में भोजन पाते हैं और हीनयान तथा महायान के अनुयायी हैं।

इस स्थान के पास एक श्वेतकर्ण नाग है। वही भिक्षुसंघ का दानपति है। जनपद में उसी से पुष्कल अन्न होता है, यथासमय वृष्टि होती है और ईतियां नहीं पड़तीं। इसके प्रत्युपकार में भिक्षुसंघ ने नाग के लिए विहार बना दिया है, उसके बैठने के लिए आसन कल्पित है, उसका भोग लगता है और पूजा होती है। भिक्षुसंघ से नित्य तीन जन नाग विहार में जाते हैं और भोजन करते हैं। वर्षा बीतने पर नागराज कलेवर बदलता है। एक छोटा सा संपोला बन जाता है जिसके कानों के पास सफेद बुंदकियां होती हैं। भिक्षुसंघ उसे पहचानते हैं, तांबे के कलस में दूध भरते हैं और नाग को उसमें डाल सब ऊंच नीच के पास ले जाते हैं। यह कृत्य अकथनीय होता है। ऐसी यात्रा वर्ष में एक बार होती है। जनपद बहुत उपजाऊ है, प्रजा प्रभूत और सुखी है। यहां और देश के लोग आते हैं तो उन्हें कष्ट नहीं होने पाता, उन्हें जिस वस्तु की आवश्यकता होती है देते हैं।

यहां से पश्चिमोत्तर पचास योजन पर एक विहार है जिसे आडवक कहते हैं। आडवक नाम का एक दुष्ट यक्ष[2] था। बुद्धदेव ने उसे धर्मोपदेश दिया था। पीछे लोगों ने उस स्थान पर विहार बनाया। जब एक अर्हत को उसका दान देने के लिए उसके हाथ पर जल छोड़ने लगे तो जल के कुछ बूंद पृथ्वी पर गिरे थे, वे उस जगह अब तक पड़े हैं कितना ही पोंछो मिटते नहीं।

---

1. अन्य तीर्थंकर वा अन्य तीर्थों से अभिप्राय जैनाचार्यों से है।
2. अंग्रेजी में यक्ष के नाम का अनुवाद The Great Heap किया गया है, देखो पंद्रहवां चातुर्मास्य--'बुद्धदेव'।

यहां बुद्धदेव का एक स्तूप है। एक धर्मिष्ट यक्ष वहां झाड़ू बहारू करता और पानी छिड़कता है--किसी मनुष्य की आवश्यकता नहीं पड़ती।

अंध्र[1] देश के राजा ने उससे कहा कि जो तू सब कर सकता है, तो अच्छा मैं बहुतेरे दल संग लेकर आता हूं, मल बढ़कर ढेर लगेगा, साफ करना? इस पर यक्ष ने बड़ी आंधी चलाई, उसे बहा कर सब साफ कर दिया।

यहां छोटे छोटे सैकड़ों स्तूप हैं। मनुष्य दिन भर गिना करे तो भी पार नहीं पा सकता। यह कोई चाहे कि जानेंगे ही और एक एक स्तूप पर एक एक मनुष्य खड़ा कर दे तो फिर एक एक करके गिने तो भी न्यूनाधिक (संख्या) न जान पावेगा।

एक संघाराम है। उसमें लगभग छह सात सौ भिक्षु होंगे। उसमें प्रत्येक बुद्ध के भोजन करने का स्थान है, निर्वाण स्थान पहिये के बराबर है। उस स्थान पर घास नहीं जमती। जहां वस्त्र सुखलाया था वहां अब तक चिह्न है।[2]

अठारहवां पर्व

कान्यकुब्ज

फाहियान ने नाग विहार में वर्षा बिताई। वर्षा बिताकर दक्षिण पूर्व दिशा में सात योजन चल कर कान्यकुब्ज[3] नगर में पहुंचा। नगर गंगा के किनारे है। दो संघाराम हैं, सब हीनयानानुयायियों के हैं। नगर से पश्चिम सात ली पर गंगा के किनारे बुद्धदेव ने अपने शिष्यों को उपदेश किया था। कहते हैं उपदेश था दुख सुख की क्षणिकता और जीव के पानी के बबूले वा फेन के सदृश होने पर। इस स्थान पर स्तूप बना है और अब तक है।

गंगा के पार तीन योजन दक्षिण चलकर आले[4] नामक एक गांव में पहुंचे। इस स्थान पर बुद्धदेव ने अपने शिष्यों को धर्मोपदेश किया था, चंक्रमण किया था और बैठे थे। यहां स्तूप बने थे।

---

1. लेगी ने 'a king of the corrupt views' अनुवाद किया है अर्थात "दुष्टविचारक राजा"
2. यह बात फाहियान ने सुनी सुनाई लिखी है। देखी नहीं थी। संकाश्य नगर में किसी भिक्षु से ये बातें उसने सुनीं होंगी।
3. वर्तमान कन्नौज
4. आरण्य। यह स्थान पूर्व में जंगल था। फाहियान के समय वहां छोटी बस्ती थी।

उन्नीसवां पर्व

शांखे वा शांचे

यहां से दक्षिण पश्चिम दिशा में दस[1] योजन चलकर शांचे नामक महा जनपद में पहुंचे। शांचे[2] नगर के दक्षिण द्वार के पूर्व ओर के मार्ग पर बुद्धदेव ने दंतधावन कर के काष्ठ[3] को भूमि पर फेंक दिया था, वह न बढ़ता था न घटता था।

जैनियों और ब्राह्मणों ने ईर्ष्या की और उसे काट कूट कर दूर फेंक दिया, पर वह फिर वहीं पूर्ववत लग गया। यहां चारों बुद्धों के चंक्रमण और बैठने के स्थान पर स्तूप अब तक बने हैं।

बीसवां पर्व

श्रावस्ती

दक्षिण दिशा में चले, आठ योजन चलकर कोशल जनपद के नगर श्रावस्ती[4] में पहुंचे। नगर में बहुत कम अधिवासी हैं और जो हैं तितर बितर हैं, सब मिलाकर दो सौ से कुछ ही अधिक घर होंगे। यह नगर प्रसेनजित[5] राजा की राजधानी था। महा प्रजापति के प्राचीन

---

1. लेगी आदि ने तीन योजन लिखा है पर मूल में दस योजन है।
2. यह साकेत है। अयोध्या का नाम साकेत है। अधिक संभव है कि शांचे नगर साकेत नगर ही हो। यह भी संदेह होता है कि कहीं यह वही जनपद न हो जिसे सुचेन-च्वांग ने विशाखा लिखा है। उस स्थान के संबंध में उसने लिखा है कि 'इस स्थान पर 70 फुट ऊंचा एक वृक्ष है। यहां पूर्व काल में बुद्धदेव ने दंतधावन किया था। दंतधावन का काष्ठ पृथिवी पर फेंक दिया था। काष्ठ ने जड़ पकड़ ली और वह बढ़कर यह वृक्ष हो गया। विधर्मियों ने बार बार काटा पर वह फिर हरा हो गया। उसकी पत्तियां और डालियां सब हरी रहती हैं।
3. संभव है कि यह अयोध्या का वही स्थान हो जिसे 'दतुइन कुंड' कहते हैं। उसके विषय में ऐसी ही दंतकथा है कि भगवान रामचंद्र जी ने वहां दंतधावन करके काष्ठ फेंक दिया था और वह लग गया है।
4. यह स्थान अवध के बहराइच जिले में बलरामपुर के पास है। इसे अब सहत महत कहते हैं। यह अब उजाड़ पड़ा है। यहां बौद्ध और जैनी यात्री बहुत जाते हैं। जैनी भी इसे अपना पवित्र स्थान मानते हैं।
5. यह राजा गौतमबुद्ध का समकालीन था।

विहार की जगह, सेठ सुदत्त की भीत और कुओं पर, अंगुलिमाल के अर्हत होने और निर्वाणानतर उसके चैत्य के स्थान पर पीछे लोगों ने स्तूप बनाए, वे अब तक नगर में हैं। ब्राह्मणों और जैनियों ने मन ही मन द्वेष और डाह किया, उन्हें नष्ट करना चाहा पर आकाश से इतनी झड़ी, वज्रपात और अशनिपात हुए कि वे अंत को कृतकार्य न हो सके।

नगर के बाहर दक्षिण द्वार से 1200 पग पर पश्चिम के मार्ग पर सेठ सुदत्त ने विहार बनवाया था। विहार के पूर्व ओर के द्वार खुलने पर इधर उधर दो पत्थर के स्तंभ पड़ते थे। बाईं ओर के स्तंभ पर चक्र की, और दाहिनी ओर के स्तंभ पर वृष की आकृति बनी थी। विहार के दाएं बाएं और निर्मल जलपूर्ण सरोवर थे, सदा-बहार वृक्षों के वन थे जिनमें रंग बिरंग के फूल खिले रहते थे। अपूर्व और मनोहर शोभा जेतवन विहार की थी।

बुद्धदेव जब त्रयस्त्रिंश स्वर्ग को गए और उन्होंने 90 दिन तक अपनी माता को अभिधर्म का उपदेश किया तो महाराज प्रसेनजित बुद्धदेव के दर्शन को उत्सुक हुए और उन्होंने गोशीर्ष चंदन की एक प्रतिमा बुद्धदेव की बनवा कर जिस स्थान पर वे प्रायः बैठते थे रखवा दी थी। पीछे जब बुद्धदेव विहार में लौटकर आये तो प्रतिमा बुद्धदेव से मिलने के लिए उठ कर चली। बुद्धदेव ने कहा कि अपने स्थान पर लौट जा, मेरे निर्वाणानंतर तू चतुर्विधि भिक्षुसंघ के लिए आदर्श होगी। मूर्ति अपने स्थान पर लौट गई। यह प्रतिमा बुद्धदेव की पहली प्रतिमा थी। पीछे लोगों ने उसी के आदर्श पर बनवाई हैं। बुद्धदेव तब वहां से गए। दक्षिण ओर एक छोटे विहार में जो मूर्ति के रहने के स्थान से अलग 20 पग पर था वे ले गए।

जेतवन विहार सात तले का था। सारे जनपद के राजा प्रजा सब परस्पर उस पर चढ़ावा चढ़ाने, रेशम की ध्वजा और चांदनी लटकाने, फूल बिखेरने, धूप जलाने, और दीप प्रज्वलित करने के लिए स्पर्धा करते थे। नित्य प्रति अव्यवच्छिन्न ऐसा ही करते थे। एक चूहा दीप की बत्ती मुंह में दाबकर ले गया और ध्वजा वा चांदनी में उसने आग लगा दी, विहार में आग लग गई और सातों तले जलकर भस्म हो गए। जनपद के राजा प्रजा लोग सब दुखी और क्लेशित हुए, उन्होंने यह समझा कि चंदन की मूर्ति भी जल गई। आश्चर्य की बात! चार पांच दिन पीछे जब पूर्व के एक छोटे विहार का द्वार खुला तो मूर्ति वहां देख पड़ी। सब बड़े प्रसन्न हुए और मिलकर विहार बनवाने लगे। जब छत बन गई तो मूर्ति को फिर अपने स्थान पर ले गए।

फाहियान और ताउचांग जब जेतवन विहार में पहुंचे तो उनके मन में यह विचार कर कि भगवान यहां पचीस वर्ष रहे बड़ी करुणा उत्पन्न हुई। पृथ्वी के प्रांत में उत्पन्न होकर अपने आंतरिक मित्रों के साथ इतने जनपदों से होकर आए, उनमें से कुछ लौट गए, कुछ ने जीवन की असारता और क्षणिकता प्रमाणित की। आज उस स्थान को जहां बुद्धदेव रहे थे बिना उनके देखा। इस आंतरिक वेदना से बहुत दुःख हुआ। श्रमणों का झुंड बाहर

आया, वे कहने लगे कि किस जनपद से आए हो। उत्तर दिया कि हान के देश से आए हैं। श्रमण लोग दीर्घ निश्वास लेकर कहने लगे आह! सीमांत के लोग हमारे धर्म की जिज्ञासा में यहां आते हैं--आश्चर्य की बात है। परस्पर कहने लगे कि हम लोग गुरु शिष्य परंपरा से आनेवालों को देखते आए हैं पर हान देश के 'मार्गी'[1] लोगों को यहां आते नहीं देखा।

विहार से पश्चिमोत्तर में चार ली पर 'चक्षुकरणी' नामक वन है। पहले पांच सौ अंधे यहां विहार के आश्रित रहते थे। बुद्धदेव के धर्मोपदेश से उनको फिर दृष्टि हो गई। अंधों ने मारे हर्ष के अपने दंडों को भूमि में गाड़ दिया और साष्टांग प्रणिपात किया। दंडे तत्क्षण लग गए और खडे हो गए। सामान्य जनों ने बडी बड़ाई की और किसी ने काटने का साहस नहीं किया और बढ़कर वे वन हो गए। इसी कारण उसे 'चक्षुकरणी' कहने लगे। 'जेतवन' संघाराम के श्रमण भोजनांतर प्रायः इस वन में बैठकर ध्यान लगाया करते हैं।

जेतवन विहार के पूर्वोत्तर छह सात ली पर 'माता विशाखा' ने विहार बनवाया था और उसमें बुद्धदेव और श्रमणों को आमंत्रित किया था, वह अब तक है।

जेतवन विहार महाराम में दो द्वार हैं, एक पूर्व ओर, दूसरा उत्तर ओर। इस बाग को सेठ सुदत्त ने भूमि पर स्वर्ण मुद्रा (मोहर) बिछाकर मोल लिया था। विहार बीचोंबीच में था। बुद्धदेव इस स्थान पर बहुत काल तक रहे और उन्होंने लोगों को धर्मोपदेश किया था। जहां चंक्रमण किया, जिस स्थान पर बैठे, सर्वत्र स्तूप बने हैं और उनके अलग अलग नाम हैं। यहीं सुंदरिक ने मनुष्य-हत्या का दोष बुद्धदेव पर लगाया था। जेतवन विहार के पूर्व द्वार से उत्तर 70 पग चलकर पश्चिम मार्ग पर 86 पाखंडों (मिथ्या तीर्थकरों) से शास्त्रार्थ किया था। जनपद के राजा, महामात्य, सेठ और प्रजावर्ग सब सुनने के लिए झुंड के झुंड एकत्रित थे, एक जैनी स्त्री जिसका नाम चिचमना।[2] था। विद्वेषियों की प्रेरणा से अपने ऊपर वस्त्र लपेट गर्भिणी का रूप धर समाज में आई और उसने बुद्धदेव पर व्यभिचार का दोष लगाया था। इस पर देवराज शक्र[3] आया, उसने सफेद चूहे उत्पन्न किए जिन्होंने मेखला को दांत से काट दिया और अतिरिक्त वस्त्र भूमि पर गिर पड़े। भूमि फट गई और वह भूमि के गर्भ में समा गई। देवदत्त भी जो अपने नखों में विष भर के बुद्धदेव पर आघात करना चाहता था भूमि के गर्भ में समा गया था। पीछे लोगों ने इन स्थानों पर स्मरणार्थ चिह्न बनाए हैं।

---

1. बौद्ध मार्गानुयायी
2. बौद्ध ग्रंथों में उस स्त्री का नाम चिंचा लिखा है।
3. लेगी ने Changed himself and some devas into white mice अर्थात आप और अन्य देवता चूहे बन गए लिखा है पर मूल में कोई ऐसा चिह्न नहीं जिसका यह आशय हो कि 'अन्य देवता'

शास्त्रार्थ के स्थान पर 60 हाथ ऊंचा विहार बना था। विहार में बुद्धदेव की बैठी हुई मूर्ति थी। सड़क के पूर्व एक देवालय था जिसे 'छायागत' कहते थे। वह भी साठ हाथ ही ऊंचा था। उसके 'छायागत' नाम पड़ने का कारण यह है कि जब सूर्य पश्चिम दिशा में रहता था तो भगवान के विहार की छाया जैनियों के देवालय पर पड़ती थी, पर जब सूर्य पूर्व दिशा में रहता था तब देवालय की छाया उत्तर ओर पड़ती थी पर बुद्धदेव के विहार पर नहीं पड़ती थी। जैनियों के आदमी नियत थे, वे नित्य देवालय में झाड़ू बहारू करते थे, पानी छिड़कते थे, धूप दीप करते और पूजा करते थे। प्रातःकाल के समय दीप वहां से बुद्धदेव के विहार में उठकर चला आता था। ब्राह्मण लोग[1] घबड़ाए और कहने लगे कि देखो श्रमण हमारे दीप उठा ले जाते हैं और बुद्धदेव की पूजा करते हैं। हम (दीप) बंद न करेंगे। इस पर ब्राह्मण रात भर जागते रहे तो देखा कि पूज्य देवगणों ने दीप लेकर बुद्धदेव के विहार की तीन बार परिक्रमा की और बुद्धदेव की पूजा की। पूजा करके वे अंतर्धान हो गए। इससे ब्राह्मणों को बुद्धदेव का आध्यात्मिक महत्व विदित हो गया और उन्होंने गृह त्याग प्रव्रज्या ग्रहण की। कहते हैं, कि जब की यह बात है तब जेतवन विहार के पास 98 संघाराम थे। सबमें श्रमण रहते थे,[2] एक स्थान भी रीता न था।

मध्य देश में 96 पाषंडों का प्रचार है, सब लोक परलोक को मानते हैं, उनके साधु संघ हैं, वे भिक्षा करते हैं, केवल भिक्षा पात्र नहीं रखते। सब नाना रूप से धर्मानुष्ठान करते हैं; मार्गों पर धर्मशालाएं स्थापित की हैं वहां आए गए को आवास, खाट, बिस्तर, खाना पीना मिलता है। यती भी वहां आते जाते और वास करते हैं। सुनते हैं कि केवल काल[3] में कुछ अंतर है।

देवदत्त के अनुयायियों के भी संघ हैं। वे पूर्व के तीनों [4]बुद्धों की पूजा करते हैं, केवल शाक्यमुनि बुद्ध की पूजा नहीं करते।

श्रावस्ती नगर के दक्षिण पूर्व दिशा में चार ली पर विरूढक राजा को[5] शाक्य जनपद पर आक्रमण करने के लिए जाते हुए बुद्धदेव मार्ग पर बैठे मिले थे। बैठने के स्थान पर स्तूप बना है।

---

1. सम्भवतया 'पुजारी'
2. लेगी ने Excepting only in one place which was vacant लिखा है अर्थात सिवाय एक स्थान के जो सूना था। पर मूल में ऐसा नहीं है।
3. यहां काल से अभिप्राय भिक्षा करने के काल से जान पड़ता है। बौद्ध भिक्षु मध्याह्नांतर भोजन नहीं करते अन्य संप्रदायों के भिक्षु आपराह्न में भिक्षा करते थे।
4. देखो 21 वां पर्व
5. मूल में 'शोय-ए' है। देखो परिशिष्ट 'विरूढक'

इक्कीसवां पर्व

काश्यप, ककुच्छंद और कनकमुनि के जन्मस्थान

नगर के पश्चिम 50 ली पर 'टूवीइ'[1] नामक एक गांव पड़ता है। यह कश्यप बुद्ध का जन्मस्थान है। पिता पुत्र के दर्शन के स्थान पर और परिनिवास स्थान पर स्तूप बने हैं। कश्यप तथागत के शरीरगत समस्त धातु पर एक वृहत स्तूप बना है।

श्रावस्ती नगर के दक्षिण पश्चिम दिशा में 12 योजन पर 'न पीइ किया'[2] नामक गांव पड़ा। यहां ककुच्छंद बुद्ध के जन्म स्थान, पिता पुत्र के दर्शन के स्थान और परिनिर्वाण स्थान पर स्तूप बने हैं।

यहां से उत्तर दिशा में एक योजन से कम पर[3] एक और गांव पड़ा। यह कनकमुनि का जन्मस्थान है। पिता पुत्र के दर्शन के स्थान पर और परिनिर्वाण स्थान पर स्तूप बने हैं।

बाईसवां पर्व

कपिलवस्तु

यहां से एक योजन से कम चलकर कपिलवस्तु[4] नगर में पहुंचे। नगर में न राजा हैं न प्रजा। केवल खंडहर और उजाड़। कुछ श्रमण रहते हैं और दस घर अधिवासी हैं। शुद्धौदन के महल में अब कुमार और माता की मूर्ति बनी है। जहां कुमार श्वेत हस्ती पर आरूढ़ माता के गर्भ में प्रविष्ट हुआ था और जहां कुमार ने नगर के पूर्व द्वार से रोगी को देख रथ लौटाया था वहां स्तूप बने हैं।

---

1. श्रावस्ती से 9 मील पर 'टंडवा' नामक गांव
2. इसे नाभिका कहते थे। इस का खंडहर नेपाल राज्य में वाण गंगा की बाईं ओर 'लोरी की कुदान' और 'गोटिहवा' गांवों के मध्य में है। बुद्धवंश में इसे क्षेमावती लिखा है।
3. यह स्थान नाभिका से उत्तर पूर्व साढ़े 6 मील पर उजाड़ पड़ा है। तिलौरा और गोवरी के पास खंडहर हैं। इस पर का अशोकस्तंभ अब तिलौरा के उत्तर डेढ़ मील पर विगलिहवा न टूटा पड़ा है, उस पर लिखा है 'देवानं पियेन पियदसिन लाजिन चोदस वसा (भिसि) तेन वुवस कोनाक मनस थुवे दुतियं वढिते (वीस तिव) साभिसितेन च अतन आंगाच महीपिते (सिलाथुवे च उस) पापिते'
4. कोशल और रामराज्य के बीच का देश जो अचिरावती वा रापती और वाण गंगा के बीच में था।

जहां 'अए' (असित) ने कुमार के चिह्नों (लक्षणों) को देखा था, जहां कुमार ने नंद आदि के साथ मृत हस्ती को खींचकर अलग फेंका था, जहां पूर्व दक्षिण दिशा में तीर चलाया और वह 30 ली पर भूमि में गड़ा और सोता फूट निकला (जिसे) पीछे लोगों ने कुआं बनाया (जिसका) आगंतुक पानी पीते हैं, (जहां) बुद्धदेव ने मार्ग प्राप्त कर पिता राजा का दर्शन किया, जहां 500 शाक्यों ने गृह त्याग कर उपाली को प्रणिपात किया, जहां पृथिवी 6 बार विचलित हुई, जहां बुद्धदेव ने देवताओं को धर्मोपदेश किया, चातुर्महाराज आदि द्वाररक्षक थे कि पिता-राजा (शुद्धौदन) न आवें, जहां बुद्धदेव न्यग्रोध वृक्ष के नीचे जो अभी है पूर्वाभिमुख बैठे और जहां प्रजापति ने संघाली प्रदान की और जहां विरूढक[1] ने शाक्यों को निर्वीज किया और शाक्य श्रोतापन्न हुए--सब जगह स्तूप बने हैं। अंत का अब तक है।

नगर के पूर्वोत्तर कई ली पर राजा का[2] खेत है जहां कुमार ने वृक्ष के नीचे बैठकर हलवाहों को देखा था।

नगर के पूर्व 50 ली पर राजा का बाग है। बाग का नाम लुंविनी[3] है। महारानी ने एक कुंड में प्रवेश कर स्नान किया था। वह कुंड के उत्तर किनारे से निकली, 20 पग चली, उसने अपना हाथ उठाकर एक वृक्ष की शाखा पूर्वाभिमुख होकर पकड़ी और कुमार को जना। कुमार पृथ्वी पर गिरकर 7 पग चले, दो नागराजों ने कुमार को नहलाया। स्नान के स्थान पर कुआं (कुंड) बना है। इससे और स्नान के कुंड से अब तक श्रमण पानी भरते और पीते हैं।

सब बुद्धों के चार समान घटनाओं के स्थान[4] होते हैं--(1) मार्ग-प्राप्ति-स्थान,

---

1. चीन के ग्रंथों में '1000 शाक्यों को' पाठ है। किसी किसी के मत से '500 शाक्य राजकन्याओं को, जिन्हें विरूढक अपने अंतःपुर में ले जाना चाहता था और जब उन्होंने इनकार किया तो उसने उन्हें प्राण से मार डाला', पाठ है।
2. प्राचीन काल में राजा लोग हल जोतते और खेती करते थे। इसीलिये कुछ राजा के कृषि का स्थान कुरुक्षेत्र कहलाता है। जनक को खेत जोतते जानकी जी मिली थीं।
3. यह स्थान नेपाल की तराई में भगवानपुर के उत्तर उजाड़ है। बुद्ध का जन्म यहीं हुआ था और ग्रंथों में इसे 'लुबिनीवन' या लुबिनी कानन लिखा है। अशोक का यहां एक टूटा स्तंभ खड़ा है--उस पर लिखा है। "देवान पियेन पियदसिन लाजिन वीसतिवसाभिसितेन, अतन आगाच महीयते हिद बुधे जाते सकामुनीति मिल विगड़भीचा कालापित सिलाथुबेच उसवापिते हिद भगवं जाते ति लुंमिनी गामें उबलिके कते अठभगिये च।"
4. आइसिंग में अष्टचैत्य का उल्लेख है। (1) जन्म स्थान (2) बोधि-प्राप्त स्थान (3) धर्म-चक्रप्रवर्तन स्थान (4) विमूति दर्शन वा पाखंड खंडन स्थान (5) तयस्त्रिंश स्वर्ग से अवतरण स्थान (6) विवाद-मीमांसा स्थान (7) परमायु-उल्लेख स्थान और (8) परिनिर्वाण स्थान। ये आठों क्रमशः लुंबिनी, बौद्धगया, वाराणसी, श्रावस्ती, शंकाश्य नगर, राजगृह, वैशाली, और कुश नगर हैं।

(2) धर्म-चक्र-प्रवर्तन का स्थान, (3) धर्मोपदेश, सत्यनिर्णय और पाषंडखंडन का स्थान और (4) त्रयस्त्रिंश स्वर्ग से माता को अभिधर्म का उपदेश कर के उतरने का स्थान। अन्यान्य प्रसिद्धि समय विशेष से होती है।

कपिलवस्तु जनपद महाजन-शून्य है। अधिवासी बहुत कम हैं। मार्ग में श्वेत हस्ती और सिंह से बचने की आवश्यकता है, बिना सावधानी के जाने योग्य नहीं है।

तेईसवां पर्व

रामराज्य और रामस्तूप

बुद्धदेव के जन्म स्थान से 5 योजन पर राम[1] नामक जनपद मिला। जनपद के राजा को बुद्धदेव के धातु का एक भाग मिला था। लौटकर उसने एक स्तूप बनवाया था। उस का नाम राम स्तूप है। स्तूप के पास एक हंद है। हंद में एक नाग रहता था। वह स्तूप की रक्षा और निरंतर पूजा करता था। जब राजा अशोक संसार में आया तो उसने चाहा कि आठों स्तूप तोड़वा कर 84000 स्तूप बनवायें। 7 स्तूप गिरवा कर उसने इस स्तूप को गिरवाना चाहा। नाग सदेह प्रगट हुआ, अशोक राजा को अपने घर ले गया और पूजा के उपाकरण दिखा उसने राजा से कहा, यदि इससे उत्तम रूप से पूजा कर सको तो (स्तूप) गिरा दो, सब ले जाओ मैं झगड़ता नहीं। राजा समझ गया कि पूजा के ऐसे उपाकरण संसार में नहीं मिलेंगे। इस पर वह लौट आया।

वह स्थान जंगल हो गया, कोई पानी और झाड़ू देने को न रहा। हाथियों का एक यूथ अपने सूंड में जल भरकर यथाविधि भूमि पर छिड़कता और भांति भांति के फूल और गंधद्रव्य चढ़ाता रहा।

एक देश का 'मार्गी' यानी स्तूप के प्रणिपात को गया। हाथियों को देख बहुत डरा। पेड़ पर चढ़कर छिप गया। देखा हाथी यथाविधि पूजा करते हैं। मार्गी को बहुत दुख हुआ--यहां संघाराम नहीं कि स्तूप की पूजा हो सके, हाथी पानी और झाड़ू देते हैं। मार्गी परिग्रह छोड़

---

1. यह जनपद कपिलवस्तु और कुशनगर के मध्य में पड़ता है। संभवतया यह गोरखपुर के आस पास का कोई स्थान होगा। गोरखपुर के पास अनेक छोटी छोटी झीलें हैं, अधिक संभव है कि वह झील जिसका होना फाहियान ने स्तूप के पास लिखा है उन्हीं में से कोई हो। वाणगंगा कपिलवस्तु और रामराज्य के बीच की जो सीमा मानी गई है, उसी के आस पास उसे कहीं होना चाहिए।

सामनेर बनकर लौटा। उसने अपने हाथों घास और पेड़ साफ किए। स्थान को ठीक और साफ सुथरा बनाया। उपदेश बल से इस जनपद के राजा से भिक्षुओं के लिए उसने स्थान बनवाया और आप मठ का नायक बना। अब भिक्षु रहते हैं। यह समीप की घटना है। उस समय से अब तक श्रमण मठ के नायक होते आते हैं।

चौबीसवां पर्व

परिनिर्वाण स्थान

यहां से पूर्व 3 योजन चलकर महत्ता कुमार के छंदक के साथ श्वेत अश्व लौटाने का स्थान पड़ा। वहां स्तूप बना था। वहां से 4 योजन चलकर अंगार स्तूप[1] पर पहुंचे। वहां संघाराम हैं। और पूर्व 12 योजन चलकर कुशीनार[2] नगर में पहुंचे। नगर के उत्तर शाल के (दो) वृक्षों के बीच निरंजना नदी के किनारे पर भगवान के उत्तर शिर करके परिनिर्वाण प्राप्त करने का स्थान है, सुभद्र यती के पीछे अर्हत होने का स्थान है, सुवर्ण की नाव में भगवान की 7 दिन तक पूजा करने का स्थान है, बज्रपाणि[3] के सुवर्ण गदा फेंकने का स्थान है और 8 राजाओं के धातु का अंश लेने का स्थान है--सब जगह स्तूप बने हैं, संघाराम हैं। अब तक हैं। नगर में बस्ती कम और विरल है। केवल कुछ तितर बितर श्रमणों के घर हैं।

यहां से पूर्व दक्षिण 12 योजन चलकर वहां पहुंचे जहां लिछिवी लोगों ने (जब) बुद्धदेव के साथ परिनिर्वाण स्थान पर चलने की इच्छा की और बुद्धदेव ने न माना तो वे बुद्धदेव के साथ लगे चले, और नहीं लौटे, तो बुद्धदेव ने एक बड़ा हंद प्रगट किया जिसे वे पार न कर सके, फिर बुद्धदेव ने अपना भिक्षापात्र चिह्न[4] स्वरूप देकर उन्हें घर लौटाया। इस जगह पत्थर का एक स्तंभ बना है, उस पर यह कथा लिखी है।

---

1. यह स्तूप मौर्यों का बनाया हुआ पिप्पली कानन में था। बुद्धदेव के परिनिर्वाण पर जब उनके शरीर के सब धातुओं का विभाग हो गया तो मौर्य लोग पहुंचे थे। उन्हें द्रोण ने चिता के अंगार दिए थे, उन्हें लाकर उन लोगों ने अपने यहां स्तूप बनवाया था।
2. यह स्थान गोरखपुर के जिले में कसया जंटी के पास है। वहां एक वृहत मूर्ति उत्तर सिर किए एक मंदिर में लेटी है और उसके पास ही थोड़ी दूर चैत्य स्तूप भी है।
3. संभवतया महाराज का नाम
4. हिंदी में इसे 'चिह्नावर' कहते हैं।

पचीसवां पर्व

वैशाली

यहां से पूर्व 10 योजन चलकर वैशाली[1] जनपद में पहुंचे। वैशाली नगर के उत्तर एक महावन[2] कूटागार विहार है--बुद्धदेव का निवास स्थान है--आनंद का अर्द्धांग स्तूप है। नगर में अंबपाली वेश्या रहती थी, उसने बुद्धदेव का स्तूप बनवाया--अब तक वैसा ही है। नगर के दक्षिण 3 ली पर अंबपाली वेश्या का बाग है जिसे उसने बुद्धदेव को दान दिया कि वे उसमें रहें। बुद्धदेव परिनिर्वाण के लिए जब सब शिष्यों सहित वैशाली नगर के पश्चिम द्वार से निकले तो दहिनी ओर वैशाली नगर को देखकर शिष्यों से कहा यह मेरी अंतिम[3] विदा है। पीछे लोगों ने वह स्तूप बनवाया।

नगर से पश्चिमोत्तर 3 ली पर एक स्तूप है, नाम है 'धनुर्वाण त्यक्त'। नाम पड़ने का कारण यह है कि पूर्व काल में गंगा के किनारे एक जनपद का एक राजा था। राजा की छोटी रानी एक मांसपिंड जनी। बड़ी रानी ने द्वेष से कहा कि तू कुलक्षण जनी और तुरत एक लकड़ी की मंजूषा में रखकर उस पिंड को उसने गंगा में फेंक दिया। उतार पर एक जनपद का राजा सैर करने निकला था। पानी में उसने लकड़ी की मंजूषा देखी। खोला तो देखा उसमें एक सहस्र लड़के भरे पूरे न्यारे न्यारे हैं। राजा ने खिला पिलाकर उनको सयाना और बड़ा किया। वे बड़े साहसी, प्रचंड, समर में द्वेषियों के ध्वंसकारी थे। होते होते अपने बाप--राजा--के जनपद पर उन्होंने चढ़ाई की। राजा इससे बहुत घबड़ाया। छोटी

---

1. यह नगर मुजफ्फरपुर जिले में था। अब इसका खंडहर वैसर गांव के पास बखिरा में है। यहां अब तक अशोक का एक स्तंभ 32 फुट ऊंचा है। खंडहर को राजा विशाल का गढ़ कहते हैं। यह 1580 फुट लंबा और 750 फुट चौड़ा है। सुएन-व्वांग ने इसे 4 ली से 5 ली तक लंबा चौड़ा लिखा है। अबुल फजल ने भी वैसर गांव का उल्लेख किया है।
2. इसे कोई आरण्यहितल विहार लिखते हैं लेगी ने इसे Double galeeried Vihar" लिखकर नोट में लिखा है--It is difficult to tell what was the peculiar form of this vihar from which it got its name, something about the construction of its door or cupboards or galleries. अर्थात यह समझ में नहीं आता कि यह कैसा विहार था।" महावंश में इसी महावन और अन्यत्र महावन कूटागार लिखा है।
3. लेगी ने इसका अनुवाद Here I have taken my last walk. और गील ने "In this place I have performed the last religious act of my earthly career" अन्यों ने This is the last place I shall visit किया है पर हमारे मत से यह मेरी अंतिम विदा है--This is my last departure (from here) ठीक है।

रानी ने घबड़ाने का कारण पूछा। राजा ने उत्तर दिया कि उस राजा के एक सहस्र पुत्र अतुल साहसी और प्रचंड हैं। मेरे जनपद पर आक्रमण करना चाहते हैं। इसी से दुखी हूं। छोटी रानी ने कहा राजा घबड़ाओ मत। नगर के पूर्व की दीवार में एक ऊंचा बारजा बनवा दो, जब शत्रु आवेंगे मैं बारजे पर से सबको लौटा दूंगी। राजा ने जैसा कहा था किया। शत्रु आए। छोटी रानी बारजे से बोली तुम मेरे बेटे हो, क्यों अनरीति उलटी करते हो। शत्रु बोले तू कौन है जो कहती है कि हमारी माता है। छोटी रानी ने कहा विश्वास न हो तो मुंह खोलकर इस ओर ताको। छोटी रानी ने दोनों हाथों से स्तनों को दबाया, प्रति स्तन से 500 धांरा निकली और हजारों लड़कों के मुंह में पड़ी। शत्रु जान गये कि यह माता है और उन्होंने धनुष वाण डाल दिए। दोनों पिता-राजा इस पर ध्यान करने लगे और प्रत्येक बुद्ध हो गए। दोनों प्रत्येक बुद्धों के स्तूप विद्यमान हैं।

पीछे जब भगवान ने बोधि प्राप्त कर शिष्यों को इस 'धनुर्वाण त्याग' स्थान को बताया। तब लोगों ने इस स्थान को जाना और स्तूप बनाकर नाम धरा। वे हजारों छोटे लड़के भद्रकल्प के हजार बुद्ध हुए। बुद्धदेव ने इसी धनुर्वाण त्याग स्तूप के पास जीवनाशा त्यागी। बुद्धदेव ने आनंद से कहा मैं तीन मास में परिनिर्वाण प्राप्त करूंगा। मार राजा ने आनंद को मोहित कर लिया और वह भगवान से संसार में अधिक रहने के लिए न कह सका।

यहां से पश्चिम तीन चार ली पर एक स्तूप[1] है। बुद्धदेव के परिनिर्वाण से सौ वर्ष पीछे वैशाली के भिक्षु ने विनय के दस शील के विरुद्धाचरण किया। यह कहा कि यह बुद्धदेव के वचनानुसार है। इस पर सब अर्हत और शीलस्थ भिक्षु 700 श्रमणों ने मिलकर विनय के ग्रंथों का पारायण किया और मिलाया। पीछे लोगों ने इस स्थान पर स्तूप बना दिया, वह अब तक वर्तमान है।

---

1. यह द्वितीय धर्मसंघ का स्थान है। यहां बुद्धदेव के परिनिर्वाण से सौ वर्ष पीछे विनय पिटक का पारायण किया गया था। विनय के दस नियमों का उल्लंघन करने वाले भिक्षु 'वाजिपुत्तका' कहलाते हैं। इनका नायक आनंद का शिष्य 'यश' वा 'यशद' था। दश शील ये हैं--पांच साधारण निषेध जैसे (1) जीवहत्या (2) अपहरण (3) व्यभिचार (4) मिथ्या भाषण और (5) सुरापान। और पांच व्यसन जैसे (1) अकाल-भोजन (2) नृत्य-गीतादि-अनुरक्ति (3) गंधमाख्यादि-व्यवहार (4) आराम शय्या-शयन और (5) सुवर्ण-रौम्य-ग्रहण।

छब्बीसवां पर्व

आनंद का परिनिर्वाण स्थान

इस स्थान से 4 योजन चलकर पांच नदियों के संगम[1] पर पहुंचे। आनंद मगध से वैशाली परिनिर्वाण के लिए चले। देवताओं ने अजातशत्रु को सूचना दी। अजातशत्रु तुरत रथ पर चढ़ सेना साथ लिए नदी पर पहुंचा। वैशाली के लिछिवियों ने आनंद का आगमन सुना, लेने को चले, नदी पर पहुंचे। आनंद ने सोचा, आगे बढ़ता हूं, तो अजातशत्रु बुरा मानता है, लौटता हूं तो लिछिवी रोकते हैं। निदान नदी के बीच में ही समाधिवेताग्नि में उन्होंने परिनिर्वाण लाभ किया। शरीर का अंश दो भागों में विभक्त कर एक एक भाग एक एक किनारे पहुंचाया गया। दोनों राजाओं को आधा आधा शरीरांश मिला। वे लौटे आए और उन्होंने स्तूप बनवाया।

सत्ताईसवां पर्व

पाटलिपुत्र

नदी उतर कर दक्षिण 1 योजन उतर कर[2] मगध जनपद के पुष्पपुर (पाटलिपत्तन) में पहुंचे। पुष्पपुर अशोक राजा की राजधानी था। नगर में अशोक राजा का प्रासाद और सभाभवन है। सब असुरों के बनाए हैं। पत्थर चुनकर भीत और द्वार बनाए हैं। सुंदर खुदाई और पच्चीकारी है। इस लोक के लोग नहीं बना सकते। अब तक वैसे ही हैं।

राजा अशोक के एक छोटा भाई था। अर्हतपद प्राप्त हुआ। गृध्रकूट पर्वत पर रहता था। एकांत और शांत स्थान में मग्न रहता था। राजा अंतःकरण से उसका मान करता था। राजा ने चाहा कि आमंत्रित कर उसे घर लावे और खिलावे। पर्वत के एकांतवास के आनंद के कारण उसने निमंत्रण स्वीकार नहीं किया। राजा ने भाई से कहा निमंत्रण स्वीकार मात्र करो, नगर के भीतर पर्वत बनवाए देता हूं। तदनुसार भोज की सामग्री की गई। सब असुरों का आह्वान किया गया, घोषणा कर दी गई कि कल के लिए मेरा निमंत्रण स्वीकार करो। आसन बैठने को नहीं है। अपना अपना लेते आना। दूसरे दिन सब महासुर आसन के लिए बड़ी बड़ी शिला लेकर आए जो (समूची) दीवार के बराबर चार पांच पग लंबी

---

1. यह वही स्थान है जहां सोन-गंडकादि गंगाजी में सोनपुर में पास मिली है।
2. नीचे की ओर चलकर अर्थात नदी के उतार की ओर जा कर

चौड़ी थी। भोज हो गया तो असुरों से बड़ी बड़ी शिला चुनवा कर पर्वत बनवा दिया। पर्वत के पाद में पांच बड़ी शिलाओं से एक गुहा भी बनवा दी--30 हाथ लंबी, 20 हाथ चौड़ी और 10 हाथ से अधिक ऊंची थी।

एक महायानानुयानी ब्राह्मण कुमार राधास्वामी नामक इस नगर में था। वह विशुद्ध विवेक और पारदर्शी ज्ञान संपन्न था तथा विमल आचार से रहता था। जनपद का राजा उसका गुरुवत आदर और व्यवहार करता था। बातचीत करने जाता तो सामने बैठने का साहस न करता। राजा भक्ति श्रद्धा से कभी हाथ छूता तो छूटते ही ब्राह्मण झट पानी से उसे धो डालता था। 50 वर्ष से अधिक की आयु थी। सारे जनपद में मान था। इस एक मनुष्य से बौद्ध धर्म की सर्वत्र विख्याति थी। अन्य धर्मावलंबी श्रमणों को छू नहीं सकते थे!

अशोक के स्तूप के निकट महायान का एक संघाराम बना है। बहुत सुंदर और भव्य है। यहीं हीनयान का भी विहार है। सब में सात आठ सौ भिक्षु रहते हैं। आचार विचार, पठन पाठन विधि दर्शनीय है। चारों ओर के महात्मा श्रमण, विद्यार्थी, सत्य और हेतु के जिज्ञासु इस स्थान का आश्रय लेते हैं। यहां एक ब्राह्मण कुमार आचार्य हैं, नाम भी मंजुश्री है। जनपद के महात्मा श्रमण और हीनयान के भिक्षु उसे आदर की दृष्टि देखते हैं और इस संघाराम में आते हैं।

मध्यदेश में इस जनपद का यह नगर सब से बड़ा है। अधिवासी संपन्न और समृद्धशाली हैं। दान और सत्य में स्पर्द्धालु हैं। प्रति वर्ष रथयात्रा होती है। दूसरे[1] मास की आठवीं तिथि को यात्रा निकलती है। चार पहिये के रथ बनते हैं। यह यूप पर ठाटी जाती है जिसमें धुरी और हर्से लगे होते हैं। 20 हाथ ऊंचा और स्तूप के आकार का बनता है। ऊपर से सफेद चमकीला ऊनी कपड़ा मढ़ा जाता है। भांति भांति की रंगाई होती है। देवताओं की मूर्तियां सोने चांदी और स्फटिक की भव्य बनती हैं। रेशम की ध्वजा और चांदनी लगती है। चारों कोने कलगियां लगती हैं। बीच में बुद्धदेव की मूर्ति होती और पास में बोधिसत्व खड़ा किया जाता है। बीस रथ होते हैं। एक से एक सुंदर और भड़कीले, सबके रंग न्यारे। नियत दिन पर आस पास के यती और गृही इकट्ठे होते हैं। गाने बजाने वाले साथ लेते हैं। फूल और गंध से पूजा करते हैं। फिर ब्राह्मण आते हैं और बुद्धदेव को नगर में पधारने के लिए निमंत्रित करते हैं। पारी पारी नगर में प्रवेश करते हैं। इसमें दो रात बीत जाती हैं। सारी रात दीया जलता है। गाना बजाना होता है। पूजा होती है। जनपद में ऐसा ही होता है। जनपद के वैश्यों के मुखिया लोग नगर में सदावर्त और औषधालय स्थापित करते हैं। देश

---

1. अन्य अनुवादकों ने "इसे प्रति वर्ष महीने की अष्टमी के दिन" लिखा है जो मूल के विरुद्ध है।

के निर्धन, अपंग, अनाथ, विधवा, निःसंतान, लूले, लंगड़े, और रोगी लोग इस स्थान पर जाते हैं, उन्हें सब प्रकार की सहायता मिलती है, वैद्य रोगों की चिकित्सा करते हैं, वे अनुकूल पथ्य और औषध पाते हैं, अच्छे होते हैं तब जाते हैं।

अशोक राजा ने सातों स्तूप 84000 स्तूप बनवाने के लिए गिरवाए। पहला महा स्तूप जो बनवाया नगर के दक्षिण 3 ली से अधिक दूरी पर है। इस स्तूप के सामने बुद्धदेव का पद चिह्न है। वहां विहार बना है। द्वार उत्तर ओर है। स्तूप के दक्षिण पत्थर का एक स्तंभ है, घेरे में चौदह पंद्रह हाथ और ऊंचाई में 30 हाथ से अधिक है, उस पर यह वाक्य खोदा है--"अशोक राजा ने जंबूद्वीप चारों ओर से भिक्षुसंघ को दान कर दिया फिर धन देकर ले लिया। यह तीन बार किया।" स्तूप के उत्तर तीन चार सौ पग पर अशोक राजा ने नेले नगर बसाया। नेले नगर में पत्थर का एक स्तंभ है, 30 हाथ से अधिक ऊंचा--ऊपर सिंह है। स्तंभ पर खोदा है 'नगर बसन का हेतु वर्ष, तिथि और मास'।

अट्ठाईसवां पर्व

राजगृह

यहां से पूर्व दक्षिण 9 योजन चले। एक छोटे और तुच्छ पत्थर की पहाड़ी पर पहुंचे। पहाड़ी के छोर पर एक पत्थर की[1] गुफा है। गुफा दक्षिणाभिमुखी है। बुद्धदेव इसमें बैठे थे। देवराज शक्र दिव्य गंधर्व पंच (शिखा) को लेकर आए कि बुद्धदेव को गाना सुनावें। शक्र ने 42 प्रश्न बुद्धदेव से किए, उंगली से पत्थर पर एक एक रेखा खींच कर। रेखाएं अब तक हैं, एक संघाराम भी है।

यहां से पश्चिम दक्षिण एक योजन चलकर नाल[2] ग्राम में पहुंचे। सारिपुत्र का यह जन्म स्थान है, यहां ही सारिपुत्र लौटकर परिनिर्वाण प्राप्त हुआ था। इस स्थान पर स्तूप बना है और अब तक वर्तमान है।

यहां से पश्चिम एक योजन चलकर राजगृह के[3] नए नगर में पहुंचे। नया नगर अजातशत्रु राजा का बसाया है। इसमें दो संघाराम हैं। नगर के पश्चिम द्वार से 300 पग पर अजातशत्रु

---

1. यह स्थान गया से 36 मील पर गिरियक नामक गांव के पास है। पचाना नदी के किनारे पर पर्वत की दो चोटियां हैं। जो उत्तर ओर है वह कुछ अधिक ऊंची है उस के माथे पर एक विहार और अन्य भवनों के खंडहर पड़े हैं। सुएन-च्वांग ने इसे इंद्रशील गुहा लिखा है।
2. नार. . ! इसे बड़गांव कहते हैं।
3. यह प्राचीन राजगृह से उत्तर दिशा में 314 मील पर था।

राजा ने बुद्धदेव के धातु के अंश लेकर उस पर एक स्तूप बनवाया है। वह ऊंचा, वृहत संभ्रमाकर्षक और सुंदर है। नगर के दक्षिण निकलकर चार ली पर दक्षिण ओर से एक घाटी से होकर पांच पर्वतों के दून में पहुंचे। पांचों पर्वत किनारे किनारे नगर के प्राचीर की भांति खड़े हैं। यहां बिंबसार राजा का प्राचीन[1] नगर था। नगर पूर्व पश्चिम पांच छह ली और दक्षिण उत्तर सात आठ ली था। सारिपुत्र और मौद्गलायन इसी स्थान में उपसेन[2] से मिले थे। निर्ग्रंथ[3] ने यहीं अग्निकुंड और विषाक्त भोजन बना बुद्धदेव को आमंत्रित किया था और अजातशत्रु राजा ने मदोन्मत्त काले हाथी को यहीं बुद्धदेव को मारने के लिए छोड़ा था। नगर के पूर्वोत्तर कोण में जीवक ने अंबपाली के बाग में एक विहार बनवाया था और बुद्धदेव को 1250 शिष्यों सहित आमंत्रित कर दान दिया था। अब तक वर्तमान है। नगर के भीतर सुनसान है, कोई मनुष्य नहीं है।

उनतीसवां पर्व

गृध्रकूट पर्वत

घाटी में होकर पर्वत के किनारे किनारे से पूर्व दक्षिण ओर 15 ली चढ़कर गृध्रकूट[4] पर्वत पर पहुंचे। चोटी पर पहुंचने से 3 ली इधर ही एक पत्थर की कंदरा है। दक्षिणाभिमुखी है। बुद्धदेव यहां बैठकर ध्यान कर रहे थे। पश्चिमोत्तर दिशा में 30 पग पर एक और कंदरा है, आनंद उसमें बैठा ध्यान करता था। देव मार (पिसुन) गिद्ध का रूप धर (आया) (और) कंदरा के सामने बैठा। आनंद को डराया। बुद्धदेव अलौकिक शक्ति से जान गए, पत्थर फोड़कर उन्होंने हाथ निकाला और आनंद का कंधा ठोंका। तत्क्षण भय जाता रहा। पक्षी का पदचिह्न, हाथ (निकालने) का दरार अब तक है। इसी से गृध्रकूट नाम पड़ा।

कंदरा के सामने चारों बुद्धों के बैठने के स्थान हैं। अनेक अर्हतों के अलग अलग बैठकर ध्यान करने की कंदराए हैं, सब कई सौ होंगी। बुद्धदेव गुफा के सामने पूर्व से पश्चिम चंक्रमण कर रहे थे। देवदत्त ने पर्वत के उत्तर के करार से पत्थर चलाया। बुद्धदेव

---

1. इस नगर का खंडहर अब तक पांचों पर्वतों के मध्य है। दीवालों के चिह्न अब तक विद्यमान हैं।
2. अश्वजित का नाम था। वह बुद्धदेव का शिष्य था।
3. एक तीर्थंकर का नाम। बुद्धदेव के आमंत्रण की बात किसी अन्य ग्रंथ में नहीं मिलती।
4. किसी किसी ने यह लिखा है कि गृध्रकूट का आकार गृध्र पक्षी के सदृश है।

के पैर के अंगूठे में लगा। पत्थर अब तक है।[1]

बुद्धदेव के धर्मोपदेश का मंडप गिर गया है केवल ईंटों की नींव शेष रह गई है। इस पर्वत का शिखर हराभरा और खड़ा है। यह पांचों पर्वतों में सबसे ऊंचा है। फाहियान नए नगर में गंध, फूल, तेल, दीप मोल लेकर वहां के दो भिक्षुओं से लिवा लाया था। फाहियान गृध्रकूट पर पहुंचा। फूल और गंध से पूजा की। रात में दीप जलाया। उसे बहुत दुख हुआ। आंसू रोके। कहा, बुद्धदेव ने यहां सुरंगम (सूत्र) का उपदेश किया। फाहियान जनमा, बुद्धदेव को न मिल सका। पदचिह्न और रहने के स्थानों के अतिरिक्त और कुछ न देखा। फिर पत्थर की कंदरा के सामने सुरंगम (सूत्र) गाया। एक रात रहा और नए नगर को लौट आया।

तीसवां पर्व

शतपर्णी गुफा

प्राचीन नगर से निकल उत्तर ओर लगभग 300 पग चलने पर सड़क के पश्चिम करंड[2] वेणुवन विहार पड़ता है। अब तक बना है। भिक्षु संघ सफाई करते और पानी देते हैं।

इस विहार से उत्तर दो तीन ली पर श्मशान है। श्मशान चीनी भाषा में मुर्दा गाड़ने के खेत को कहते हैं।

पर्वत को दक्षिण देकर पश्चिम ओर चलने पर 300 पग पर एक गुहा है। नाम पिप्पल गुहा। बुद्धदेव भोजनांतर यहां बैठकर ध्यान किया करते थे।

पश्चिम पांच छह ली जाने पर पर्वत के उत्तर आड में एक और गुहा है। नाम शातपर्णी।

---

1. जातक में लिखा है कि राजगृह में पहले शिवयान नामी वैश्य था। उसके पुत्र शिवन्मेथि ने पिता के मरने पर अपने सौतेले भाई को पर्वत से गिराकर मार डाला था और सारा धन ले लिया था। वहीं शिवन्मेथि बहुत जन्म पीछे बुद्धदेव गौतम हुआ और उसके सौतेले भाई देवदत्त ने पूर्व जन्म का बदला चुकाने के लिए उसे पत्थर मारा था, जो बुद्धदेव के अंगूठे में लगा था।
2. इसे सब अनुवादकों ने कारंडवेणु वन लिखा है पर वास्तव में इसका नाम बौद्धग्रंथों से कालांतक जान पड़ता है। कहते हैं कि बिंबसार ने जब वह युवराज था इसके स्वामी से इसे बलपूर्वक लिया था। वह स्वामी मरकर सर्प हो गया और उसी बाग में रहता था। एक बार उसने विंवसार पर जब वह राजा था और उस बाग में गया था चोट की थी। इसी कारण उसका नाम कालांतक वन पड़ा, पीछे वह बुद्धदेव के लिए रहने को दिया गया और वहां विहार बना।

बुद्धदेव के निर्वाणांतर 500 अर्हतों ने इकट्ठे होकर इस स्थान पर सूत्रों का संग्रह किया था। जब सूत्रों का पारायण होने लगा तीन ऊंचे आसन बने थे और अच्छे प्रकार अलंकृत किए गए थे। सारिपुत्र बाईं ओर और मौदूगलायन दाहिनी ओर बैठे। 500 की गणना में एक अर्हत की कमी थी। आनंद बाहर था भीतर आने न पाया। यहां स्तूप बनाया गया जो अब तक है।

पर्वत के किनारे किनारे भी बहुत से अर्हतों के बैठकर ध्यान करने की अनेक गुफाएं हैं। पुराने नगर से उत्तर पश्चिम निकलकर तीन ली उतरने पर देवदत्त की गुफा पड़ती है। इस से 50 पग पर एक बड़ी चौकोर शिला है। उस पर एक भिक्षु ने चंक्रमण करते विचारा 'देह अनित्य है, दुखमय और अलीक, पवित्र नहीं है। मैं इस देह से तंग आ गया हूं, इसने मुझे बहुत क्लेश दिया।' यह विचार उसने आत्महत्या करने के लिए छुरी उठाई। फिर मन में आया कि भगवान ने आत्मघात का निषेध किया है। फिर मन में आया--'अच्छा, किया तो है पर मैं अब तीनों दुखदायी शत्रुओं को[1] मारूंगा।' फिर छुरी ले गला काटने लगा छुरी के गले में प्रवेश करते ही श्रोतपन्न, आधा कटते कटते अनागामी और सारा कटते कटते वह अर्हत हो गया और निर्वाण पद को प्राप्त हुआ।

इकतीसवां पर्व

गया

यहां से पश्चिम 4 योजन चलकर गया[2] नगर में पहुंचे। नगर के भीतर सुनसान और उजाड़ है। और दक्षिण 12 ली चल कर बोधिसत्व के 6 वर्ष घोर तप करने के स्थान पर पहुंचे। इस स्थान पर जंगल था।

यहां से पश्चिम 3 ली चलकर उस स्थान पर पहुंचे जहां बुद्धदेव स्नान के लिए[3] पानी में धंसे थे और एक देवता ने वृक्ष की डाली झुकाई थी, जिसे पकड़कर वे जलाशय से निकले थे।

उत्तर 2 ली पर गांव की लड़कियों ने, जहां बुद्ध को खीर दी थी, वह स्थान है। इससे उत्तर 2 ली पर बुद्धदेव ने एक बड़े पेड़ के नीचे पत्थर पर पूर्वाभिमुख बैठ कर खीर खाई थी। वृक्ष और शिला अब तक है। शिला की लंबाई चौड़ाई 6 हाथ और ऊंचाई 2 हाथ

---

1. राग, द्वेष और अविद्या
2. यह स्थान गया नगर से पूर्व पश्चिम में है और बुद्धगया कहलाता है।
3. नौरंजना वा नीलांजना नदी में स्नान किया था।

है। मध्य देश में शीतोष्ण की समता है। वृक्ष कई सहस्र क्या दस सहस्र वर्ष तक रहते हैं।

यहां से पूर्वोत्तर आधे योजन पर एक पत्थर की कंदरा पड़ती है। बोधिसत्व इसमें जाकर पश्चिमाभिमुख पालथी मारकर बैठे थे। मन में कहा कि जो मुझे बोधिज्ञान प्राप्त होने को हो तो अलौकिक प्रमाण मिले। शिला की भित्ति पर बुद्धदेव की छाया देख पड़ी। तीन हाथ से अधिक ऊंची थी। अब तक चमकती है। उस समय आकाश और पृथ्वी में बड़ा कंप हुआ। सारे देवता आकाश से स्पष्ट बोल उठे, "यह स्थान नहीं है जहां आकर सारे बुद्धों में से कोई भी बोधिज्ञान प्राप्त हुआ हो। यहां से पश्चिम दक्षिण आधे योजन से कम पर जाकर (चल)[1] पत्रवृक्ष पड़ेगा, वहां जाकर सब बुद्ध बोधिज्ञान प्राप्त होते हैं।" सारे देवताओं ने यह कह उस ओर का मार्ग दिखाया। वे गाते हुए आगे आगे चले। बोधिसत्व उठकर चले। वृक्ष से 30 पग पर एक देवता ने कुश (घास) दिया। बोधिसत्व लेकर आगे चले। 15 पग जाकर 500 हरे पक्षी (तोते) उड़ते हुए आए। उन्होंने बोधिसत्व की तीन परिक्रमा की और चले गए। बोधिसत्व चलपत्र वृक्ष के नीचे पहुंचे। कुश बिछाकर पूर्वाभिमुख बैठ गए। फिर मारराज ने तीन सुंदरी स्त्रियां भेजीं। वे उत्तर से आकर मोहित करने लगीं। मारराज दक्षिण से आकर मोहित करने लगा। बोधिसत्व ने पैर का अंगूठा पृथ्वी में लगाया। मार विजयी भागा और पराजित हुआ। तीनों युवतियां जराग्रस्त वृद्धा हो गईं।

जहां छह वर्ष दुष्कर तप किया वहां तथा अन्य सब स्थानों पर पीछे लोगों ने जो स्तूप बनाए थे तथा मूर्तियां स्थापित की थीं सब अब तक हैं।

जिस स्थान पर बुद्धदेव ने बोधिज्ञान लाभ कर सात दिन ध्यान किया--वृक्ष की ओर--और विमुक्ति आनंद अनुभव किया, जिस स्थान पर चलपत्र वृक्ष के नीचे पूर्व पश्चिम सात दिन चंक्रमण किया, जिस स्थान पर सब देवताओं ने आकर सप्तरत्न का मंडप बनाया और बुद्धदेव की पूजा सात दिन की, जिस स्थान पर मुचलिंद अंधनाग सात दिन तक बुद्धदेव को आवेष्ठन किए था, जिस स्थान पर बुद्धदेव न्यग्रोध वृक्ष तले चतुष्कोण शिला पर पूर्वाभिमुख बैठे थे, और ब्रह्मदेव ने आकर प्रार्थना की थी, जिस स्थान पर चातुर्महाराजाओं ने भिक्षापात्र दान किया, जिस स्थान पर 500 वणिकों ने भुना हुआ आटा और मधु दिया था, जिस स्थान पर कश्यप भ्राताओं और उनके 1000 शिष्यों को उपदेश किया--इन स्थानों पर स्तूप बने थे।

बुद्धदेव के बोधिज्ञान प्राप्त करने के स्थान पर तीन संघाराम हैं। सबमें श्रमण रहते हैं। अधिवासी भिक्षुसंघ को सब आवश्यक पदार्थ दे देते हैं, किसी प्रकार की कठिनाई नहीं

---

1. फाहियान ने केवल पत्र लिखा है जिसे न समझ कर लेगी ने नोट में A palm tree, borassus flabellifera अर्थात ताड़ लिखा है। संस्कृत में चलपत्र पीपल को कहते हैं।

होती। वे विनय का यथार्थ पालन करते हैं। बैठने, उठने, और संघ में जाने के आचार व्यवहार उसी नियम के अनुसार हैं जैसे बुद्धदेव के समय में थे। संघ में 1000 वर्ष हुए वे अब तक चले आ रहे हैं। बुद्धदेव के परिनिर्वाण से चारों महास्तूप के स्थान हैं। उन्हें सब जानते चले आ रहे हैं, कुछ विपर्यय नहीं हुआ है। चारों महास्तूप--बुद्ध का जन्म स्थान, बोधि-प्राप्ति-स्थान, धर्म-चक्र-प्रवर्तन स्थान और परिनिर्वाण स्थान हैं।

बत्तीसवां पर्व

राजा अशोक

अशोक राजा पूर्व जन्म में जब बालक था और मार्ग में खेलता था शाक्य[1] बुद्ध भिक्षार्थ भ्रमण करते उसे मिले। बालक से मांगा। उसने एक मुट्ठी मिट्टी उठाकर बुद्ध को दी। बुद्ध ने लेकर जहां चंक्रमण करते थे भूमि पर डाल दी। इसका फल मिला, लौहचक्र का राजा जंबुदीप का राजा हुआ। राजा एक बार जंबुदीप में यात्रा में था। उसने लौहचक्रवाल में दो पर्वतों के मध्य नरक देखा जो पापियों की यातना (का स्थान) था। बधुओं और आमात्यों से पूछा यह क्या है? उत्तर मिला असुरराज यमराज का पापियों का यातना (का स्थान)। राजा ने मन में कहा असुरराज यमराज तो पापियों की यातना के लिए नरक बनावे, मैं मानवाधिप पापियों की यातना के लिए नरक न बनवाऊं। मंत्रियों से कहा कि किससे मैं नरक बनवाऊं। (किसे) पापियों की यातना का अध्यक्ष करूं। मंत्रियों ने उत्तर दिया "केवल अति चांडाल (दस्यु) मनुष्य इसे निर्माण करा सकता है।' राजा ने मंत्रियों को भेजा कि चांडालकर्मा मनुष्य खोजो। उन्होंने एक जलाशय के तीर एक मनुष्य देखा जो विशाल, प्रचंड, कृष्ण वर्ण, कपिश केश, और बिडालाक्ष था, पैर से मछली फंसाता मुंह से पशु पक्षियों को बुलाता और पशु पक्षियों के आते ही प्रहार करता और मारता कि एक भी न बचते। इस

1. कोरिया की प्रति में कश्यप है। लेगी ने इसी को ठीक माना है पर यह भ्रम है। चीन का पाठ ठीक है। ग्रंथों में इस प्रकार लिखा है कि कभी बुद्धदेव आनंद के साथ भिक्षा को आ रहे थे। मार्ग में लड़के खेलते थे, घरौना बना रहे थे। बुद्धदेव को देखकर एक लड़का हाथ में धूलि लेकर भिक्षा देने आया। पास पहुंचने पर उनके पात्र तक नहीं पहुंच सकता था, निदान दूसरे बालक के कंधे पर सवार होकर उनके पात्र में उसने धूलि डाल दी। बुद्धदेव ने आनंद से कहा कि इस मिट्टी को पानी में मिलाकर चैत्य पर लेप कर दो। और बालक को आशीर्वाद दिया कि मेरे परिनिर्वाण से सौ वर्ष पीछे तू राजा होगा और 84000 स्तूप बनवायेगा।

मनुष्य को पाकर वे राजा के पास ले गए। राजा ने गुप्त रूप से आज्ञा दी। तू चारों ओर से स्थान पर ऊंची प्राचीर बनवा, भीतर भांति भांति के फूल फल लगा, सुंदर घाटवाला सरोवर बनवा, सर्वतो भावेन मनोहर और चित्ताकर्षक कि लोग चाव से देखने दौड़ें, कपाट सुदृढ़ बनवाना, लोग जाएं तो चट पकड़ लेना, भांति भांति की यातना पापियों को देना, अवरुद्ध करना, बाहर कदापि निकलने न देना। (और क्या) मैं भी कदापि जाऊं तो मुझे भी पापियों की यातना देना, वैसे ही अवरुद्ध करना। अब मैंने तुझे नरक का अध्यक्ष बनाया।

फिर एक भिक्षु भिक्षा मांगता हुआ द्वार भीतर गया। नरकाध्यक्ष ने देखा और उसे पकड़कर पापियों की यातना देनी चाही, भिक्षु भयभीत हुआ। प्रार्थना की कि मध्याह्न के भोजन का अवकाश दो। इसी अंतर एक और मनुष्य आया, नरकाध्यक्ष ने कोल्हू में डाल दिया और पेरा। लाल फेन बह निकली। भिक्षु को यह देख मन में ज्ञान उत्पन्न हुआ कि देह नित्य नहीं, दुखमय, असत् और जल के फेन वा बबूला सदृश है। वह तुरंत अर्हत पद प्राप्त हो गया। फिर नरकाध्यक्ष ने उबलते पानी के कड़ाह में उसे डाल दिया पर भिक्षु प्रसन्नचित्त और शांत, आग बुझ गई, पानी का कड़ाह ठंडा हो गया, भीतर कमल का पुष्प उत्पन्न हुआ, उस पर भिक्षु आसीन था। तदनंतर नरकाध्यक्ष ने दौड़कर राजा को सूचना दी कि नरक में यह अनहोनी बात हुई। महाराज चलकर देखें। राजा ने कहा मैं पहले प्रतिज्ञा कर चुका हूं, अब जा नहीं सकता। नरकाध्यक्ष ने कहा। यह छोटी बात नहीं है। महाराज को शीघ्र चलना चाहिए। पूर्व की प्रतिज्ञा छोड़िए। राजा साथ भीतर गया तो भिक्षु ने राजा को धर्मोपदेश किया। राजा ने सुना, विश्वास किया और वह मुक्त हुआ। उसने नरक का ध्वंस कर दिया। पूर्वकृत दुष्कर्मों का पश्चाताप किया। तब से वह त्रिरत्न का विश्वास और मान करने लगा। नित्य चलपत्र वृक्ष के नीचे जाता, पापदेशना करके पश्चात्ताप करता। उसने अष्टांग (धर्म) को ग्रहण किया।

राजा की महारानी ने पूछा कि राजा नित्य कहां जाता है। बंधुओं और मंत्रियों ने उत्तर दिया कि चलपत्र वृक्ष तले जाता है। रानी ने देखा कि राजा नहीं है। आदमी भेजा, पेड़ कटवा डाला। राजा आया तो देखते ही शोक से मूर्छित हो भूमि पर गिर पड़ा। मंत्रियों ने मुंह पर पानी का छींटा दिया, बड़ी देर में चेत आया। राजा ने चारों ओर ईंट चुनवा दीं, सौ घड़े दूध वृक्ष के मूल में दिए और आप चौरंग भूमि पर पड़ा। उसने शपथ किया कि वृक्ष न जीया तो मैं भी न उठूंगा। यह शपथ करने के उपरांत वृक्ष मूल से निकलने लगा और अब तक बढ़ता जा रहा है। अब 100 हाथ के लगभग ऊंचा है।

तैंतीसवां पर्व

कुक्कुटपाद

इस स्थान से दक्षिण 3 ली चलकर एक पर्वत पर पहुंचे। आम कुक्कुट[1] पाद। महाकश्यप अब तक इस पर्वत में रहते हैं। पर्वत की दरार में प्रवेश कर गए हैं। प्रवेश के स्थान में मनुष्य की समाई नहीं है। नीचे जाकर किनारे पर एक बिल है। कश्यप सदेह उसमें है। बिल पर कश्यप ने हाथ धोया था। आस पास के लोगों के सिर में घाव लगता है तो वे यहां की मिट्टी लगा कर चंगे हो जाते हैं। पर्वत में अब तक अनेक अर्हत रहते हैं। आस पास के सारे जनपद के बौद्ध लोग साल साल कश्यप की पूजा आकर करते हैं। धर्म के श्रद्धालुओं के पास रात को अर्हत आते हैं, बातचीत करते हैं, शंका समाधान करते हैं और अंतर्धान हो जाते हैं।

इस पर्वत में आताम्र[2] झाड़ बहुत हैं। उसमें अनेक सिंह, व्याघ्र और भेड़िये हैं। बिना सावधानी जाने योग्य नहीं है।

चौंतीसवां पर्व

वाराणसी

फाहियान पाटलिपुत्र की ओर फिरा। गंगा के किनारे किनारे पश्चिम उतर कर 10 योजन पर एक विहार पड़ता है। नाम है 'अनालय'[3]। बुद्धदेव इस स्थान में रहे थे। अब श्रमण रहते हैं।

गंगा के किनारे किनारे पश्चिम 12 योजन चलकर वाराणसी जनपद के काशी नगर

---

1. जनरल कनिंगहाम ने कुटकीहार के उत्तर की एक पहाड़ी को कुक्कुटपाद लिखा है। डा. ष्टीन साहब का मत है पुनावां से दो मील दक्षिण पर हूर्सा (सोमनाथ) पहाड़ी कुक्कुटपाद है पर बाबू रखालदास ने एशियाटिक सोसाइटी बंगाल के जर्नल 1909 के पृ. 81-83 तक में एक लेख में यह प्रमाणित कर दिया है कि गुरुप्पा ही गरुडपाद है। गुरुप्पा बोधि गया से 19,20 मील पर कटारगढ़ स्टेशन के पास है। प्रोफेसर समद्दार ने इसे गया से दक्षिण पूर्व सात मील पर लिखा है।
2, अनुवादकों ने इसे Hazel लिखा है।
3. यह वर्तमान बलिया नगर के पास था।

में पहुंचा। नगर के पश्चिम उत्तर 10ली पर ऋषिपत्तन मृगदाव विहार[1] है। इस दाव में पहले एक प्रत्येक बुद्ध रहते थे। मृग सदा आश्रम में पास बसते थे। जब भगवान को बोधिज्ञान प्राप्त होने को हुआ, सब देवता आकाश में गान करने लगे, "शुद्धौदन का कुमार प्रव्रज्या ले मार्गानुसारी हुआ, सप्ताह बीते बुद्ध होगा।" प्रत्येक बुद्ध यह सुन परिनिर्वाण प्राप्त हुआ। इसीसे इस स्थान का ऋषिपत्तन मृगदाव नाम पड़ा। भगवान के बोधिज्ञान प्राप्त होने के पीछे लोगों ने इस स्थान पर विहार निर्माण किया।

बुद्धदेव ने चाहा कि कौंडिन्यादि पंचवर्गी को उपदेश करूं। पंचवर्गी परस्पर कहने लगे इस गौतम श्रमण ने 6 वर्ष तक घोर तप किया। एक दाल और चावल खाया, मार्ग प्राप्त न हुआ। अब मनुष्यों के बीच रहता है, काया, वाणी और मन दृढ़ है। मार्ग से क्या काम है। आज आ रहा है। सावधान रहो, बोलना भी न। जब बुद्धदेव पहुंचे तो जिस स्थान पर पचंवर्गी उठे और अभिवादन किया था, वहां से 60 पग जिस स्थान पर बुद्धदेव ने पूर्वाभिमुख बैठकर धर्मचक्र प्रवर्तन किया और कौंडिन्यादि पंचवर्गियों को उपदेश किया था, वहां से 20 पग उत्तर जिस स्थान पर मैत्रेय के विषय में भविष्यवाणी की थी, और फिर उससे दक्षिण 50 पग पर जहां 'एलापत्र' नाग ने बुद्धदेव से पूछा था कि मैं कब इस नाग देह से मुक्त होउंगा, इन सब स्थानों पर स्तूप बने हैं। अब तक हैं। भीतर दो संघाराम हैं। दोनों में श्रमण रहते हैं।

पत्तन मृगदाव विहार से पश्चिमोत्तर 13 योजन पर कौशांबी[2] नामक जनपद है। विहार का नाम है गोक्षीर[3] वन। अब तक पूर्ववत है। भिक्षुसंघ रहते हैं, प्रायः हीनयानानुयायी हैं।

पश्चिम ओर आठ योजन पर बुद्धदेव के दस्यु यक्ष को उपदेश करने के स्थान, चंक्रमण करने और बैठने के स्थान पर सर्वत्र स्तूप बने हैं। संघाराम भी बने हैं। 100 से अधिक श्रमण रहते हैं।

---

1. सारनाथ। उस समय वाराणसी का काशी नगर वरुण और गंगा के संगम के पास था। यह स्थान राजघाट के उत्तर उजाड़ पड़ा है।
2. इलाहाबाद जिले में यमुना के किनारे कोसम कहते हैं। कोई कोई कुसिरा को भ्रमवश कौशांबी समझते हैं।
3. गोक्षीर वा गोशीर एक सेठ का नाम था। उसने एक वन वा आराम और विहार बनवाकर बुद्धदेव को दान किया था। वह भगवान को वर्षावास के लिए श्रावस्ती से आमंत्रित करने स्वयं गया था। पाली ग्रंथों में वैश्य का नाम गोशित मिलता है। कौशांबी में उस समय उदयन का राज्य था। इसके खंडहर के चिह्न समगांव में जो इलाहाबाद के जिले में यमुना के किनारे मिलते हैं।

पैंतीसवां पर्व

दक्षिण

इससे दक्षिण 200 योजन जाकर एक जनपद पड़ता है। नाम है दक्षिण। वहां प्राचीन कश्यप बुद्ध का एक संघाराम है। एक समूचे पर्वत को काटकर बना है। पांचतले का है, नीचे का तला हस्त्याकार बना है, 500 प्रस्तर गुहा गृह हैं। द्वितीय प्रासाद सिंहाकार बना है, 400 गृह हैं तृतीय प्रासाद अश्वाकर बना है, 300 गृह हैं। चतुर्थ प्रासाद वृषभाकर बना है 200 गृह हैं। पंचम प्रासाद कपोताकार है, 100 गृह हैं। प्रासाद शिखर पर पानी का झरना है। पत्थर की गुहाओं में सामने से होकर कोठरियों में फिरती पानी की धार कहीं चक्कर काटती कहीं मुड़ती हुई नीचे के तले में पहुंचती है, फिर सामने से घूमकर द्वार से निकल जाती है। श्रमणों की सब गुहाओं में स्थान स्थान पर पत्थर काटकर प्रकाश के लिए गोखे बने हैं, गुहा में स्वच्छ प्रकाश रहता है, अंधकार का नाम नहीं है। गुहाओं के चारों कोनों में पत्थर काटकर ऊपर जाने के लिए आरोह बने हैं। अब के मनुष्यों का डील छोटा होता है, सीढ़ी सीढ़ी चढ़कर ऊपर जाते हैं। पहले के मनुष्य एक पग में ऊपर पहुंचते थे। इसी कारण इस विहार का नाम पारावत पड़ा। पारावत कपोत का हिंदी नाम है। इस विहार में अर्हत निरंतर रहते हैं।

भूमि बंजर पहाड़ी है। बस्ती नहीं है। पर्वत से बहुत दूर पर एक बस्ती दुष्ट आचार विचारवालों की है। वे न बौद्ध श्रमण, न ब्राह्मण, न अन्य धर्मों के जानने माननेवाले हैं। जनपद के अधिवासी निरंतर देखते आए हैं कि उड़नेवाले मनुष्य विहार में आया करते हैं। एक बार कोई बौद्ध इस विहार में पूजा के लिए गया। गांव के लोगों ने पूछा उड़ते क्यों नहीं। हमने तो जिन बौद्धों को देखा सब उड़ते थे। बौद्ध ने चट उत्तर दिया कि अभी हमारे पंख यथावत नहीं निकले हैं।

दक्षिण जनपद नितांत निराले हैं। मार्ग भयावह और दुस्तर है। कठिनाइयों को झेलकर जाने के इच्छुक सदा धन और उपहार वस्तु साथ ले जाते हैं और जनपद के राजा को देते हैं। राजा प्रसन्न हो रक्षक मनुष्य साथ भेजता है जो एक बस्ती से दूसरी बस्ती तक पहुंचाते और सुगम मार्ग बताते हैं। फाहियान तो वहां न जा सका। देश के लोगों ने जो कहा उसे जैसा सुना वैसा उसने वर्णन किया।

छत्तीसवां पर्व

पाटलिपुत्र में खोज और विद्याभ्यास

वाराणसी से पूर्व लौटकर पाटलिपुत्र पहुंचा। फाहियान का प्रधान उद्देश्य था उत्तरीय हिंदुस्तान के सब जनपदों में विनयपिटक की खोज। परंपरा से मौखिक शिक्षा देता एक आचार्य मिला पर मूल प्रति नहीं मिली, किस से लिखता। (इसलिये) इतनी दूर चलकर मध्य हिंदुस्तान में आया। यहां महायान के संघाराम में एक निकाय का विनय मिला अर्थात महासंघिक निकाय का विनय। बुद्धदेव जब संसार में थे तब प्रथम महासंघ में इसका प्रचार हुआ था। जेतवन विहार के शिक्षाक्रम के अनुसार मूल था। शेष 18 निकाय[1] अपने आचार्यों के मत और सिद्धांतानुसार प्रधान विषयों में समानता और छोटे छोटे विषयों में विभेद रखते थे, जैसे, एक का अथ है तो दूसरे की इति।

एक और निकाय का विनय मिला जो लगभग 700 गाथा का था। यह सर्वास्तिवाद निकाय का विनय था। चीन देश के भिक्षुसंघ में इसी का प्रचार था। इसकी भी शिक्षा गुरु परंपरा से मौखिक ही चली आती थी, लिखित न थी। यहीं के इसी संघ में संयुक्त धर्म हृदय लगभग 6000 गाथा का मिला। एक और निकाय का सूत्र 2500 गाथा का, परिनिर्वाण वैपुल्य सूत्र का एक अध्याय, 500 गाथा का–और महासंघिक अभिधर्म मिला।

अतः फाहियान यहां 3 वर्ष रहा। संस्कृत भाषा और संस्कृत ग्रंथों का अभ्यास करता और विनय पिटक लिखता रहा। तावचिंग जब मध्य देश में पहुंचा तो उसने श्रमणों को देखा। संघ का उत्कृष्ट आचार व्यवहार और बात बात में विनय का अनुसरण मिला तो तावचिंग को चीन की प्रांत भूमि के भिक्षुसंघ के अधूरे और विच्छिन्न विनय का स्मरण आया। उसने शपथ करके कहा, "अब से जब लों बुद्ध न हों प्रांत की भूमि में न जन्म लूं।" फिर वह यहीं रह गया और न लौटा। फाहियान का तो मुख्य अभिप्राय था समग्र विनय ले जाकर हान के देश में प्रचार करना। निदान वह अकेला लौटा।

---

1. भ्रमवश अंग्रेजी अनुवादकों ने भाव न समझ मनमाना अर्थ किया है। लेगी ने Eighteen Schools, वील ने Eighteen Sects और अन्यों ने Eighteen Collections तथा प्रोफेसर समद्दार ने अष्टादश संप्रदाय लिखा है।

सैंतीसवां पर्व

चंपा और ताम्रलिप्ति–सिंहल यात्रा

गंगा के किनारे किनारे पूर्व दिशा में 18 योजन उतरकर दक्षिण किनारे पर चंपा[1] का महा जनपद पड़ा। बुद्धदेव का विहार चंक्रमण स्थान पर है। सब बुद्धों के बैठने के स्थान पर स्तूप बने हैं। श्रमण रहते मिले। इससे और पूर्व चलकर 50 योजन के अनुमान चलने पर तांबलिप्ति[2] जनपद में पहुंचा। यहां बंदर हैं। इस जनपद में 24 संघाराम हैं। श्रमण संघ में रहते हैं। बुद्ध धर्म का भी अच्छा प्रचार है। फाहियान यहां दो वर्ष रहा। उसने सूत्रों को लिखा, मूर्तियों का चित्र बनाया।

फिर व्यापारियों के एक वृहत्पोत पर चढ़ा, समुद्र में दक्षिण पश्चिम ओर चला। जाड़े का आरंभ, वायु अनुकूल। 14 दिन चलकर सिंहल जनपद में पहुंचा। जनपद के किनारे लोगों ने कहा कि 700 योजन के लगभग आए।

यह जनपद एक बड़ा द्वीप है। पूर्व पश्चिम 50 योजन, दक्षिण उत्तर 30 योजन। दाएं बाएं छोटे छोटे द्वीप हैं। 100 के लगभग–अंतर 10 ली से 200 ली तक, पर सब महाद्वीप के अधीन। अनेक में विविध शुद्ध और चमकीले मणि मुक्ता निकलते है। एक में मुक्ता मणि निकलता है। यह 10 ली वर्ग भूमि का होगा। राजा पहरे और रक्षा के लिए पुरुष नियत करता है। पानेवालों से मोती के 10 भाग में से 3 ले लेते हैं।

अड़तीसवां पर्व

सिंहल पर्व्व

इस जनपद में पहले मनुष्य नहीं बसते थे। राक्षस और नाग रहते थे। सब जनपद के व्यापारी वाणिज्य करते थे। वाणिज्य के समय राक्षस संदेह देखाई नहीं पड़ते थे। बहुमूल्य पदार्थों से मूल्य के चिट लगा रख देते थे। व्यापारी जन मूल्य के अनुसार क्रय करते और माल ले जाते थे।

व्यापारियों की आवा जाही से लौटने पर सब जनपद के लोगों ने इस भूमि की मनोहरता की चरचा सुनी। सब दल के दल चले, बसने लगे, महा जनपद हो गया। यह जनपद सौम्य

---

1. यह भागलपुर जिले का एक विभाग है।
2. इसे तमलुक कहते हैं जो बंगाल के मेदिनीपुर जिले में है।

और सुहावन है। जाड़े गर्मी में अंतर नहीं है। वनस्पति और वृक्ष संतत लहलहे रहते हैं। कृषि लोगों की इच्छा पर (जब चाहें) होती है, कोई ऋतु नियम नहीं है।

बुद्धदेव[1] इस जनपद में आए। दुष्ट नागों को (उपदेश से) सुधारना चाहा। अपने अमित बल से उन्होंने एक पग राजा के नगर के उत्तर और एक पग एक पर्वत के ऊपर रखा। दोनों पदचिह्नों में 15 योजन का अंतर था। राजा ने नगर के उत्तर के पदचिह्न पर एक वृहत स्तूप बनवाया जो 400 हाथ ऊंचा सोने तथा चांदी और सर्वरत्न जटित है। उसने स्तूप के पास एक संघाराम भी बनवाया था—नाम अभयगिरि है, यहां 5000 श्रमण रहते हैं। यहां बुद्धदेव का एक मंडप भी है—उसपर सोने चांदी के खुदाई और पच्चीकारी के काम चढ़े हैं—सर्वरत्न[2] लगे हैं। मध्य में हरित[3] नील मणि की एक प्रतिमा है—20 हाथ ऊंची—सर्वांग सप्तरत्न से देदीप्यमान—प्रशांत भावयुक्त—वाणी से वर्णनातीत, दहिने कर में एक अमूल्य मुक्ता है। फाहियान को हान देश छोड़े कई वर्ष बीत गए थे। जो बात करने को मिले सब भिन्न अपरिचित स्थल के मनुष्य। पर्वत, नदी, वनस्पति, वृक्ष कभी आंख नहीं पड़े थे। संगी साथी सब अलग, मरे वा इतस्ततः हो गए। दूसरे की छाया नहीं, मन में निरंतर व्यग्रता। अचानक नीलमणि की मूर्ति की ओर देखा, एक व्यापारी सफेद रेशम का पंखा चढ़ाता था। आंसू भर आए, आंखों से टप टप गिरने लगे।

इस जनपद के एक प्राचीन राजा ने, मध्य देश को भेजकर (चल) पत्र[4] की डाली मंगाई और बुद्धदेव के मंडप के पास लगवाई। वह लगकर 200 हाथ का ऊंचा वृक्ष हो गई है। यह पेड़ पूर्व दक्षिण को झुक गया था, राजा ने गिरने के भय से आठ नौ 'बित्ता' गोलाई का एक लकड़ी का तक्का[5] पेड़ में लगवा दिया। पेड़ निरंतर तक्के के स्थान से भीतर जमने लगा और लकड़ी को बेध कर नीचे पहुंचकर भूमि में घुसा और उसने जड़ पकड़ी, ऊपर 4 बित्ता (मोटा) गोला हो गया, तक्का के भीतर फार[6] है पर बाहर से जुड़ा है, लोगों ने अलग नहीं किया है। वृक्ष के नीचे एक विहार बना है, भीतर मूर्ति स्थापित है। यती गृही श्रद्धा से अविश्रांत दर्शन करते रहते हैं। नगर में बुद्धदेव के दांत का एक विहार है। सब सप्तरत्नमय निर्मित है।

राजा ब्राह्मणों के आचार का पालन करता है। नगर के भीतर के लोगों में धर्म पर

---

1. बुद्धदेव के सिंहल जाने का प्रमाण सिवाय इसके और नहीं है कि सिंहल के महावंसी आदि में इसका उल्लेख है।
2. लेगी ने सप्त(ख) लिखा है पर मूल में सर्वरत्न है।
3. लाजवर्त।
4. महावंश में लिखा है कि अशोक ने बोधिद्रुग की डाली मंगवाई थी।
5. उठगना
6. अर्थात दरार सा फट गया है।

श्रद्धा और विश्वास का भाव भी अधिक है। जनपद के शासन के प्रतिष्ठित होने से, ईति, दुर्भिक्ष, विप्लव, वा अव्यवस्था नहीं हुई है। भिक्षुसंघ के कोश में अनेक बहुमूल्य रत्न और अमूल्य मणि हैं। एक राजा भिक्षुओं के कोश में बैठा और उसने सब देखा। मणि-मुक्ता को देख उसके मन में लोभ उत्पन्न हुआ, उसने बलपूर्वक अपहरण करना चाहा, तीन दिन में उसे चेत हुआ, भिक्षुसंघ में जाकर उसने सिर नीचा किया, अपने मानसिक पाप पर पश्चाताप किया, सब स्पष्ट कह भिक्षुओं से आग्रह कर यह विधान स्थापित कराया कि अब से फिर आगे राजा को कोश में जाने और देखने का निषेध हो, भिक्षु भी चालीस वर्ष वेष में न रहा हो तो घुसने न पावे।

इस नगर में अनेक वैश्य श्रेष्ठ और साबा[1] व्यापारी बसे हैं। इन व्यापारियों के घर सुंदर और भव्य हैं। गली अंतरे साफ-सुथरे रहते हैं। सड़कों के चतुष्पथों पर धर्मोपदेश के लिए स्थान बने हैं। महीने में अष्टमी, चतुर्दशी और[2] पंचदशी के दिन आसन बिछता है, ऊंची गद्दी लगती है, गृही यती चारों ओर के इकट्ठे होते हैं और धर्म चर्चा सुनते हैं। इस जनपद के लोग कहते है कि यहां सब 60000 भिक्षु रहते हैं जिन्हें संघ के भंडार से भोजन मिलता है। राजा का भी नगर में सत्र है जिसमें पांच छह हजार लोगों को और धर्मार्थ मिलता है। संघ के भंडार में कमी होती है तो बड़ा भिक्षापात्र[3] उठाकर जाते हैं, जितना आता है लेते हैं, भर जाने पर लौटते हैं।

बुद्धदेव का दांत सदा तीसरे महीने के मध्य में निकलता है, निकलने से 10 दिन पहले राजा एक भव्य अमारी बड़े हाथी पर रखाता, एक अच्छे वक्ता को चुनकर राज्य के वस्त्र आभूषण पहना उसे हाथी पर चढ़ाता है और डंका देकर यह घोषणा कराता है—बोधिसत्व ने तीन असंख्येय कल्पों में पुण्योपार्जन किया, अपनी आत्मा (देह) को न बचाया, जनपद नगर स्त्री पुत्र (दिया), आंख निकाल दूसरे को (दी), कपोत के बदले मांस काटकर (दिया), अपना शिर काटकर दान किया, शरीर भूखी बाघिन को खाने को दिया, मस्तिष्क और भेजा (देने) में क्षोभ न किया। इस प्रकार वे भांति भांति के क्लेश प्राणियों के लिए सहते रहे। पर जब बुद्ध हुए तो उन्होंने लोक में 45 वर्ष तक धर्म का उपदेश किया, शिक्षा दी, लोगों को सुधारा, अशांतों को शांति दी और डूबतों को पार लगाया, सब प्राणियों का हित संपादन कर परिनिर्वाण प्राप्त किया, परिनिर्वाण को 1467 वर्ष हुए। जगज्ज्योति निर्वाण प्राप्त हुई। सब प्राणी शोकग्रस्त हुए। देखो अब से 10 दिन बाद बुद्धदेव का दांत निकलेगा, अभयगिरि विहार में जाएगा, जनपद के सब यती गृही, धर्मसंचय के अभिलाषी मार्ग साफ सुथरा रखो,

---

1. अरब देश के व्यापारी
2. पूर्णिमा और अमावस्या
3. जैसे भारतवर्ष में साधू लोग भंडारे के लिए मटका लेकर भराने के लिए गांव गांव फिरा करते हैं।

गली अंतरे सजाओ, ढेर सा पुष्प और धूप पूजा के लिए संग्रह करो।

यह घोषणा हो जाने पर राजा के नियोग से सड़क के दोनों ओर बोधिसत्व के 500 अवतारों के रूप बनते हैं, जो समय समय पर उन्होंने धारण किए थे, कहीं सुदान बनते हैं, कहीं साम बनते हैं, कहीं गजराज बनते हैं, कहीं मृग अश्व[1] बनते हैं। सब छायाचित्रों के रंग चमकीले, बनावट भव्य होती है, देखने में वे जीवित समान जान पड़ते हैं। फिर बुद्धदेव का दांत निकलता है, सड़क के बीच से होकर जाता है, सब ओर से पूजा चढ़ती है, अभयगिरि विहार में पहुंचता है। बुद्धदेव के मंडप में यती गृही एकत्र रहते हैं। वे धूप जलाते, दीप प्रज्वलित करते और नाना विधि उपचार करते हैं जो दिन रात बंद नहीं होता। 90 दिन पूरे होने पर नगर के भीतर के विहार में उपवसथ दिन आने पर पट खुलता है और यथाविधि प्रणिपात होता है[2]।

अभयगिरि विहार से 40ली पर एक पर्वत है। पर्वत में एक विहार है, नाम 'चैत्य' है। उसमें 2000 भिक्षु होंगे। भिक्षुओं में एक बड़ा धार्मिक श्रमण है, नाम धर्मगुप्त। इस जनपद के लोग उसे बड़े आदर से देखते हैं। एक पत्थर की गुहा में यह चालीस वर्ष से रहता है। वह इतनी दया दिखाता है कि सांप और चूहे एक साथ उस एक ही गुहा में रहते और परस्पर कुछ हानि नहीं पहुंचाते हैं।

उनतालीसवां पर्व

एक अर्हत का भस्मांत-संस्कार

नगर में दक्षिण 7 ली पर एक विहार है—नाम महाविहार। उसमें 300 भिक्षु रहते हैं, वहां एक बड़ा धर्मनिष्ठ श्रमण रहता था, जो पवित्र और विशुद्धाचारी था। जनपद के लोग उसे

---

1. बुद्धदेव ने छह बार हस्ती का, दस बार मृग का, और चार बार घोड़े का जन्म धारण किया था।
2. अब बुद्धदेव का दंतधातु 'मलिगाव' नाम मंदिर में है। वहां एक विहार के भीतर यह मंदिर है। विहार एक नद के किनारे है, मंदिर के द्वार पर यह श्लोक लिखा है—

   सर्वज्ञ वक्र सरसीरुहराजहं सं
   कुन्देन्दु सुन्दर रुचिं सुरद्रन्द वंद्यम्।
   सहर्मचक्रमहजं जनपारिजातं
   श्रीदंतधातुममलं प्रणमामि भक्तया।

   धातु मंदिर में एक घंटाकार स्वर्ण संपुट में सिंहासन पर रखा है। संपुट के भी छह और संपुट हैं और बीच के संपुट में धातु है।

अर्हत समझते थे। जब उसका अंत काल समीप आया तो राजा जांचने आया। उसने यथाधर्म सब भिक्षुओं से पूछा कि क्या भिक्षु पूर्णतया मार्ग जान चुका है? उन्होंने नियोग मानकर उत्तर दिया–हां, अर्हत पद प्राप्त हैं। अंतावसान पर राजा ने सूत्र विनयानुमोदित अर्हत के लिए, विधि अनुसार (समाधि करवाकर) विहार से पूर्व चार पांच ली पर सुंदर और वृहत चिता बनवाई। 30 हाथ की लंबी चौड़ी और उतनही ऊंची। ऊपर से चंदन मुसव्वर और सब सुगंध काष्ठ चुनवाए, चारों ओर चढ़ने के लिए आरोह बनवाया। फिर सुंदर श्वेत रेशम की भांति ऊर्ण वस्त्र में ऊपर से बार बार लपेटा, फिर एक बड़ा रथ बना, जैसे हमारी शव ले जाने की गाड़ी[1] पर नाग और मछली नहीं थीं।

दाह के समय राजा और जनपद की प्रजा सब चारों ओर से झुंड की झुंड आकर एकत्र हुई और फूल और धूप चढ़ाती, रथी के साथ साथ समाधि स्थान[2] की ओर चली। वहां राजा ने फूल और गंध से पूजा की। पूजा हो चुकी तो अरथी उठाकर चिता पर रखी गई। तुलसी का तेल ऊपर से चारों ओर डाला गया और आग दी गई। आग जलने लगी, फिर प्रत्येक मनुष्य ने आंतरिक भक्ति से ऊपर के कपड़े उतार डाले और सब पर के पंखे और छाते ज्वाला पर दूर से हिला हिला दग्ध होने तक अग्नि को प्रज्वलित करते रहे। दाह हो चुका। अस्थिचयन हुआ और अस्थिसंचय कर स्तूप बनाने लगे। फाहियान जीवनकाल में पहुंच न सका, वह केवल समाधि मात्र देख पाया।

राजा बौद्धधर्म का दृढ़ विश्वासी था। उसने संघ के लिए विहार बनवाना चाहा। पहले उसने महापरिषद को आमंत्रित किया, भात खिलाया और उन्हें पूजा करके सुंदर बैलों की एक जोड़ी ली, उनके सींघ सोने चांदी से मढ़े जो बहुमूल्य रत्नों से जड़े हुए थे, फिर सुंदर सोने का हल बनवाया। राजा ने वास्तु भूमि पर चारों ओर से जोता–फिर संघ को वहां की बस्ती, खेत, घर, ताम्रपत्र लिखकर दान दिया कि आगे कोई उसे विफल और परिवर्तन न कर सके।

फाहियान ने इस जनपद में एक 'हिंदी मार्गी' की ऊंचे आसन पर बैठकर सूत्र की व्याख्या करते सुना कि "बुद्धदेव का भिक्षापात्र पहले वैशाली में था, अब गांधार में है, इतनी शताब्दी पीछे पश्चिम तुषार जनपद में जाएगा[3], इतने सौ वर्ष पीछे खोतन जाएगा, इतने सौ वर्ष पर खरश्वर[4] जाएगा, इतने सौ वर्ष पर हान की भूमि में जाकर पहुंचेगा, इतने

---

1. चीन देश में शव की गाड़ी पर लादकर समाधिस्थान में ले जाते है–उस गाड़ी पर नाग और मछली आदि के चित्र बने रहते हैं।
2. चीन देश में शव को समाधि देते हैं। इसीलिये चैत्यस्थान की जगह मूल में सभाधिस्थान, समाधि आदि चिह्न हैं।
3. फाहियान ने व्याख्या में ठीक संख्या सुनी थी पर भूल गया–चीनी टिप्पणीकार व लेखक
4. शियनयान पर्वतमाला के मूल में वोष्टन हद के उत्तर है।

सौ वर्ष पर सिंहल जनपद में जाएगा, इतने सौ वर्ष परे मध्य हिंदुस्तान में लौटेगा। फिर वह तुषित स्वर्ग पर आरोहण करेगा। बोधिसत्व मैत्रेय दर्शन कर कहेंगे—"आहा, शाक्यमुनि बुद्ध का भिक्षापात्र आ गया।" 7 दिन तक सब देवताओं के साथ फूल और गंध से पूजा करेंगे, सात दिन परे वह जंबूद्वीप को लौटेगा, सिंधुनागराज उसे लेकर नागलोक में प्रवेश करेगा। मैत्रेय के बोधि-प्राप्त-काल में यह फिर चार[1] भाग (अलग) होकर 'अन्न' पर्वत पर जहां से आया था लौटेगा। मैत्रेय जब बोधि प्राप्त होंगे तो चारों देवराज फिर मन में बुद्ध की चिंता करेंगे। यही पहले के बुद्धों का नियम है। भद्र कल्प के सहस्त्र बुद्धों का यही एक भिक्षापात्र है। भिक्षापात्र जाते ही बुद्धधर्म भी क्रमशः लोप हो जाएगा। बुद्धधर्म के लोप होने पर मनुष्यों की आयु क्षीण हो जाएगी, अंत में 5 वर्ष की होगी। 5 वर्ष की होने पर चावल, घी, तेल सब लय हो जाएगी, अधिवासी परम दस्यु होंगे, वनस्पति वृक्ष जिसे छुवेंगे तलवार लाठी हो जाएंगे, परस्पर मार काट मचावेंगे, उनमें धर्मवाले सहवास छोड़ पर्वत में जाएंगे, दस्यु जब परस्पर नाशमान हो जाएंगे जब लौटेंगे, आकर परस्पर कहेंगे, पूर्व के लोग परमायु होते थे, दस्युकर्म करने और परम अधर्मी बन जाने से हमारी आयु क्षीण हो गई है, घटते घटते 5 वर्ष की रह गई है। हम सब मिलकर सत्कर्म करें, करुणा और दया का भाव हृदय में उत्पन्न करें, यत्न से सत्कर्म का अनुष्ठान करें। जब वे इस प्रकार सत्कर्म का आचरण करने लगेंगे आयु द्विगुण बढ़ती जाएगी और अंततः 80000 वर्ष की हो जाएगी। मैत्रेय जब लोक में आवेंगे और धर्मचक्र प्रवर्तन करने लगेंगे, जो सब से प्रथम वे शाक्य के शेष धर्मानुयायियों में से उन्हें अपना शिष्य करेंगे तो प्रव्रज्या लेकर त्रिरत्न,[2] पंचोपादान और [3] अष्टांग धर्म ग्रहण कर त्रिरत्न की पूजा करेंगे, फिर द्वितीय और तृतीय चार में पूर्व के सुकर्मियों को दीक्षा देंगे।

फाहियान ने इसे सूत्र समझकर लिखना चाहा पर उस पुरुष ने कहा कि सूत्र नहीं है मैं अपने मन से व्याख्यान करता हूं।

चालीसवां पर्व

यात्रा का अंत

फाहियान इस जनपद में दो वर्ष रहा और उसे 'महीशासक' विनयपिटक के दीर्घागम,

---

1. बुद्धदेव का भिक्षापात्र चार भिक्षापात्रों को परस्पर दबाकर बनता है।
2. जाति, जरा, व्याधि, मरण और रागद्वेष
3. सम्यकर्मांत, सम्यगृदृष्टि, सम्यक्संकल्प, सम्यगृवाचा, सम्यगाजीव, सम्यग्व्यायाम, सम्यक्सृमृति ौर सम्यक् समाधि

संयुक्तागम और संयुक्त संचय पिटक[1] की प्रति मिली। सब हान देश में अज्ञात थे। इन संस्कृत प्रतियों को पा वह एक व्यापारी के बड़े पोत पर चढ़ा। उसमें 200 से अधिक मनुष्य के पीछे एक छोटी नौका समुद्रयात्रा से क्षति के रक्षार्थ बड़े पोत से बंधी हुई थी। सानुकूल वायु थी। पूर्व जाकर 3 दिन पर तूफान का सामना पड़ा, पोत में छेद हो गया, पानी भरने लगा, व्यापारी छोटी नाव में जाना चाहते थे, छोटी नाव के लोगों ने, बहुत से लोगों के चढ़ने के भय से रस्सी काट दी, व्यापारी बड़े घबड़ाए, जान का जोखों जान पड़ा, वे घबड़ाए कि पोत में पानी न भर जाए, भारी भारी बोझ 'असबाब' पानी में फेंकने लगे। फाहियान ने भी जलपात्र[2] कुंडका और चीजों को समुद्र में फेंक दिया, वह डरा कि व्यापारी कहीं सूत्रों और चित्रों को न फेंक दें। उसने हृदय में अवलोकितेश्वर का ध्यान किया, हान देश के भिक्षुसंघ को प्राण अर्पण किए, उसने कहा मैंने धर्म को ढूंढ़ने के लिए दूर यात्रा की है, मुझे अपना तेज और प्रताप देकर लौटाकर अपने स्थान पर पहुंचाओ।

इस प्रकार तूफान रात दिन 13 दिन तक रहा। एक द्वीप के किनारे लगे, भेड़ा थमने के पीछे पानी भरने के छेद का स्थान देखा गया, वह भरा गया, फिर आगे बढ़े, समुद्र के मध्य अनेक डाकू रहते हैं, उनसे मिलने पर बचकर नहीं जा सकते, यह समुद्र विस्तृत है, ओर छोर नहीं, पूर्व-पश्चिम का ज्ञान नहीं, केवल सूर्य चंद्रमा और तारों के देखने से ठीक मार्ग पर चलते हैं, आंधी पानी में वायु ही के ले जाने से जाते हैं निश्चित मार्ग नहीं, रात की अंधियारी में केवल ऊंची लहरें परस्पर थपेड़े खाती देखाई पड़ती हैं, अग्निवर्ण ज्वाला निकलती है, साथ ही साथ पानी पर बड़े बड़े कछुए और अन्य अधोवासी जंतु निकलते वा देख पड़ते हैं। व्यापारी लोग भयभीत थे, जानते नहीं कि किधर जा रहे हैं, समुद्र गंभीर, थाह नहीं। लंगर डालने और ठहरने का ठौर नहीं। आकाश खुल गया तो पूर्व-पश्चिम सूझने लगा, फिर लौटे, ठीक राह पर चले, कहीं गुप्त चट्टान पड़ी तो बचने का उपाय नहीं।

इस प्रकार 90 दिन से अधिक बीते, एक जनपद में पहुंचे, नाम जावा। इस जनपद में ब्राह्मण धर्म के विभिन्न संप्रदायों का प्रचार था, बौद्ध धर्म की कुछ चर्चा नहीं थी। इस जनपद में 5 महीने ठहरे, फिर व्यापारियों के एक वृहत पोत पर चढ़े—200 और यात्री भी थे, 50 दिन क़ी सामग्री ले चौथे मास के 16वें दिन चले।

फाहियान ने इस पोत पर ही वर्षा बिताई। पूर्वोत्तर 'क्वांग चाव'[3] जा रहे थे। महीना दिन बीतने पर रात के दो पहर बीतते बीतते काली आंधी आई, पानी बरसने लगा, व्यापारी

---

1. यह क्षुद्रक पाठ जान पड़ता है लेगी, लिखते हैं कि इस नाम का कोई ग्रंथ नहीं है।
2. भिक्षुओं के लिए दो जलपात्रों का विधान है, कुंडी और कलसी का लोटा और गलास वा गगरा लोटा
3. चीन का एक बंदर

यात्री व्याकुल हो उठे, फाहियान ने भी अवलोकितेश्वर और हान देश के श्रमण संघ का ध्यान करना प्रारंभ किया और उनके प्रबल प्रताप के आश्रय सवेरा किया। सवेरा होते ही ब्राह्मण विचार कर कहने लगे कि इस श्रमण के साथ ही हमलोगों पर यह आपत्ति आई और यह महा संकट पड़ा है, इस भिक्षु को उतारो, समुद्र के किसी द्वीप के किनारे छोड़ दो, एक मनुष्य के लिए हम सब क्यों विपत्ति भोगें। फाहियान के साथी एक सहृदय जन ने कहा—इस भिक्षु को उतारते हो तो मुझे भी उतार दो, नहीं तो मुझे मार डालो, अन्यथा इस भिक्षु ही को उतारा तो हान देश में पहुंचूंगा तो राजा के पास सब करनी कहूंगा। हान देश का राजा भी दृढ़ बौद्धधर्मानुयायी है, भिक्षुसंघ का मान करता है। यह सुन सब व्यापारी घबरा गए, उतारने का किसी का साहस न पड़ा।

उस समय आकाश में नितांत अंधकार छाया था, समुद्र के शिक्षक (नाखुदा) परस्पर ताकते, वे भ्रमग्रस्त थे, 70 दिन से अधिक मार्ग में कष्ट सहते बीते चुके थे, दाना पानी चुक गया, समुद्र के खारे पानी में भोजन पकाने लगे, अच्छा पानी बांट लिया, दो (दो) पाइंट प्रति मनुष्य मिला, झट वह भी चुक गया, व्यापारी लोग सोच विचार कर बोले—चाल की गति के विचार से 50 दिन में 'कांगचाव' पहुंचना चाहिए, बहुत दिन बीत गए, राह तो नहीं भूले। पश्चिमोत्तर किनारे की जोह में चले, रात दिन चलकर 12 दिन में 'चांगकांग'[1] प्रदेश की सीमा पर लाव पर्वत के दक्षिण किनारे पहुंचे, यहां पहुंच कर अच्छा पानी और शाक मिले, अनेक विपत्ति झेली, बहुत दिन चिंता ग्रस्त रहे, अचानक इस किनारे पहुंचे, लेह ओ को:शाकों को देखा, इससे जान गए कि यह हान देश ही है—फिर न रहने वाले मनुष्य देख पड़े और न कुछ चिह्न (जाने आने का), जान नहीं पड़ता था कि कहां हैं, कोई कहता अभी 'कांगचाव' नहीं आए, कोई कहता छोड़ आए, कुछ निश्चित जान नहीं पड़ता था। निदान एक छोटी नाव में बैठ एक खाड़ी में घुसे कि कोई आदमी देख पड़े तो इस स्थान की पूछताछ करें, दो व्याधे मिले, साथ लेकर आए, फाहियान को पूछने के लिए, बुलाया, फाहियान ने पहले ढाढ़स दिया, फिर पूछा तुम कौन लोग हो। उन्होंने उत्तर दिया कि हम बुद्धदेव के शिष्य हैं। फिर पूछा पर्वत में क्या खोजने आए थे। वे बात बनाने लगे कि कल सातवें मास की 15वीं तिथि है बुद्धदेव को चढ़ाने के लिए सफतालू की आवश्यकता थी। फिर पूछा यह कौन जनपद है उन्होंने उत्तर दिया सिंगचाव के अंतर्गत चांगकांग प्रदेश की सीमा है, जो सीन वंश के अधिकार में है। यह सुनते ही व्यापारी लोग प्रसन्न हो गए। उन्होंने झट रुपया और माल (अपने नौकरों से) मंगा चांगकांग के प्रदेशाधिप के पास भेजा।

---

1. नाव लाव पर्वत के किनारे "शानतुंग" में लगी थी। यह स्थान 'कयावं चाव' के उत्तर है। अब यह लियाव चाव प्रदेश के 'फिंगह्वने' में सम्मिलित है।

शासक ले-ए दृढ़ बौद्धधर्मी था। उसने जब सुना कि एक श्रमण सूत्रों और चित्रों को लेकर नाव पर समुद्र पार आया है, तो रक्षकजनों को साथ ले वह बंदर पर आया। वह फाहियान से मिला और सूत्रों और चित्रों को ले (अपने) शासन स्थान पर आया। व्यापारी लोग वहां से यांगचाव की ओर लौट गए। सिंगचाव पहुंच कर फाहियान एक जाड़ा और एक गर्मी भर रोक रखा गया, वर्षा बिता कर फाहियान ने सब आचार्यों के वियोग से आतुर हो चांगगान जाना चाहा, पर यह विचारकर कि काम आवश्यक है वह दक्षिण के प्रांत[1] की ओर उतरा और उसने आचार्यों से मिल सूत्रों और विनय पिटक को दिखाया।

फाहियान चांगगान से चला, 6 वर्षों में मध्य देश में पहुंचा, 6 वर्ष वहां फिरा, लौट कर 3 वर्ष में सिंगचाव पहुंचा, 30 से कुछ ही कम जनपदों में भ्रमण किया था, मरुभूमि से पश्चिम हिंदुस्तान तक, भिक्षुसंघ का सदाचार, और धर्म के प्रभाव से प्रकृति का विपर्यय, वर्णन में नहीं आ सकता था। उसने यह विचारा कि आचार्य गणों ने (उनका) पूरा विवरण नहीं सुना होगा। वह अपने तुच्छ जीवन की परवाह न कर समुद्र से लौटा, दोहरा दुख और कष्ट सहन किया। सौभाग्यवश तीनों उपास्यों के प्रताप से बाधाओं से बचकर आ गया। अतः यात्रा का विवरण लिख दिया कि पढ़नेवाले जानें कि उसने क्या क्या सुना और देखा।

---

1. ''नानकिन'' नगर में जो दक्षिण प्रान्त का शासन स्थान था।

उपसंहार

सिन वंश के ये-हे के काल के 12 वें वर्ष में वर्षाधिप कन्या से तुला में संक्रामित हुए। ग्रीष्मकाल में वर्षावास बीतने पर फाहियान से भेंट हुई। आए तो हिमकक्ष में ठहराया। जब जब बात हुई यात्रा विषयक प्रश्न करता रहा। वह नम्र और सुशील था, झट सत्य सत्य कहता था। पहले संक्षेप से कहा फिर जब विवृत्ति पूछी तो सांगोपांग कह गया! कहने लगे जब मैं कष्टों की ओर देखता हूं तो मेरा हृदय नहीं थमता, पसीना (रोमांच) आ जाता है। विपत्तियों का सामना किया, भयावह स्थानों में गमन किया—कुछ उद्देश्य मेरा था—सिवाय सरलता और दृढ़ता से उसे पूरा करने के और दूसरा ध्यान नहीं था, मौत के स्थान में निडर गया कि जिसमें मनोरथ दस हजार (अंशों) में एक अंश भी सिद्ध हो। उन बातों का मुझ पर प्रभाव हुआ। मैंने तो जान लिया कि ऐसे मनुष्य पूर्व से आज तक कम हुए। जब से इस बड़े धर्म का पूर्व के देश में प्रचार हुआ(वहां) कोई भी निरपेक्ष और धर्म का जिज्ञासु आचार्य[1] सा नहीं हुआ। अतः मैं तो जान गया कि सत्य के प्रभाव को कोई रोक नहीं सकता, चाहे जितना बड़ा हो, वह पार ही कर जाता है। मानसिक बल, जो काम चाहे, पूरा करने में चूकता नहीं। ऐसे कार्यों का संपादन, आवश्यक को भूलने और भूले को स्मरण करने से होता है।

इति।

1. "हियान" शब्द देख कर लेगी ने "फाहियान" लिखा है पर हियान आचार्य को कहते हैं।

परिशिष्ट

अंगुलिमाल—यह श्रावस्ती के महाराज प्रसेनजित के पुरोहित का पुत्र था। यह प्रचंड तांत्रिक और क्रूर था। यह किसी तांत्रिक प्रयोग के लिए तर्जनी अंगुली को काटकर माला बनाकर पहने रहता था। इसी कारण लोग इसे अंगुलिमाल कहते थे। श्रावस्ती में बुद्धदेव भिक्षा के लिए जाते थे। अंगुलिमाल ने उन्हें पुकारा और कहा, 'भिक्षु ठहरे रहो'। बुद्धदेव ने कहा 'मैं ठहरा हूं' और यह कहते हुए आगे बढ़ते गए। अंगुलिमाल ने कहा, भिक्षु आप तो चले जा रहे हैं और मिथ्या कहते हैं कि 'मैं ठहरा हूं'। बुद्धदेव ने कहा—ब्राह्मण मैं सत्य कहता हूं, संसार में मैं ही एक स्थिर हूं और सब चल हैं। यह अध्यात्मपूर्ण वाक्य सुन अंगुलिमाल को ज्ञान हो गया। वह उस ज्ञान से अर्हत पद प्राप्त हुआ।

अंबपाली—यह एक वेश्या थी। इसे आम्रपाली और आम्रदारिका भी कहते थे। इसका जन्म आम के वृक्ष के नीचे हुआ था और दरिद्रतावश यह आम खाकर पली थी, इसीलिये इसका नाम अंबपाली पड़ा था। यह परम रूपवती और काम कला प्रवीण थी। जन्मांतर में यह लाख बार वेश्या हो चुकी थी। जब कश्यप बुद्ध ने अवतार धारण किया था तो उसने आत्मसंयम किया था और उसके फल से देवलोक में देवकन्या हुई थी। देवलोक से च्युत हो यह वैशाली में जनमी। इस जन्म में भी पूर्व संस्कार के अनुसार वेश्या हुई। महाराज विंवसार से इसको अधिक प्रेम था। वह बहुत दिनों तक राजगृह में रही थी और महाराज विंवसार के संयोग से इसे एक पुत्र भी हुआ था, जिसका नाम जीवक था। अंबपाली कभी वैशाली में और कभी राजगृह में रहती थी। दोनों राजधानियों में उसके घर आराम बाग बगीचे बने थे। जब महात्मा बुद्धदेव वैशाली गए तो उसने उन्हें संघ समेत अपने घर आमंत्रित कर भिक्षा कराई और अपने उद्यान को यथाविधि भिक्षुसंघ के वास के निमित्त दान दिया। बुद्धदेव के उपदेश से अंबपाली ज्ञान लाभकर अर्हत पद प्राप्त हुई थी।

अजातशत्रु—राजगृह के महाराज विंवसार का पुत्र। वह बचपन ही से अपने पिता विंवसार का परम विरोधी था। युवराज पद पर अभिषिक्त हो देवदत्त के कुचक्र में पड़ यह उस का परम भक्त और बुद्धदेव का विरोधी हो गया था। बुद्धदेव पर एक बार जब वे राजगृह में भिक्षा करने जाते थे अजातशत्रु ने देवदत्त के कहने से नालागिरि नामक

एक मत्त हाथी को छुड़वा दिया था। पर हाथी उनके सामने पहुंच कर घुटने टेक कर बैठ गया। उसने बुद्धदेव के मारने के लिए धनुर्धरों को भी भेजा था पर वे भी स्तब्धहस्त रह गए थे और उन्हें मार न सके थे। अजातशत्रु अपने पिता को बंदीगृह में डाल स्वयं उनके राज सिंहासन पर बैठा था। महाराज विंवसार ने कारागृह में बड़े कष्ट से अपने प्राण दिए। कहते हैं कि जिस दिन अजातशत्रु के घर पुत्रजन्म हुआ उसने आनंदोत्सव में कारागृह से अनेक कैदियों के साथ अपने पिता को भी मुक्त करने की आज्ञा दी, पर उसे उसी समय महाराज विंवसार के देहत्याग की सूचना मिली। अजातशत्रु को पिता का मरण सुन बड़ा खेद हुआ। वह अपने पूर्वकृत कर्मों पर पश्चाताप कर विलाप करने लगा। अपने पिता की और्द्धदैहिक क्रिया कर वह अत्यंत मानसिक दुख से संतप्त रहता था कि भगवान बुद्धदेव राजगृह में पधारे। अजातशत्रु जीवक के परामर्श से भगवान बुद्धदेव के पास गया और उनके उपदेश से उसकी आत्मा को शांति प्राप्त हुई। राजा अजातशत्रु को वैशाली के लिछिवी राजवंश से बड़ी शत्रुता थी। वह उन पर आक्रमण करना चाहता था। इसी कारण उसने गंगा और सोन संगम पर पाटलिग्राम में अपनी छावनी बनाई थी। वही छावनी बसते बसते पुष्पपुर वा पाटलिपुत्र हो गई। जिस समय पाटलिग्राम के पास उसकी छावनी थी और भगवान बुद्धदेव वहां गए थे तो पाटलिपुत्र के विषय में उन्होंने भविष्यवाणी की थी। राजा अजातशत्रु ने एक बार भगवान बुद्धदेव के पास यह पूछने के लिए अपने मंत्री को भेजा था कि लिछिवी राजवंश का उच्छेद कब होगा। उस समय भगवान ने यह कहा था कि जब तक उनमें गण (Republic) शासन की प्रथा है उनका नाश न होगा। बुद्धदेव के परिनिर्वाण के बाद जब आनंद परिनिर्वाण के लिए वैशाली जा रहा था तो अजातशत्रु उनको लाने के लिए गंगा के किनारे तक गया। इधर से वैशाली के लोग उन्हें लेने चले। आनंद ने देखा कि दोनों राजा, एक आगे से और एक पीछे से, आ रहे हैं। वे मध्य गंगा में ठहर गए और वहीं योगाग्नि से परिनिर्वाण प्राप्त हो उन्होंने अपने शरीर को भस्म कर दिया। उनके भस्म शरीर को दो भाग कर दोनों राजा अपने अपने देश को लौट गए और स्तूप बनवाकर उन्होंने उसे रख दिया। अजातशत्रु का देहांत ईसा से 475 वर्ष पूर्व हुआ था।

अनागामी—आर्य के चार मुख्य भेदों में से एक। ये पृथिवी से स्वर्ग जाकर नहीं लौटते और ब्रह्म लोक ही में निर्वाण प्राप्त होते हैं।

अनिरुद्ध—गौतमबुद्ध का चचेरा भाई। घह अमृतोदन का पुत्र था। जब बुद्धदेव कपिलवस्तु जाकर वहां से चलने लगे तो आनंद भद्रिय, किमिल, भगु और देवदत्त के साथ नापित उपालि को ले वह प्रव्रज्या ग्रहण करने की इच्छा से उनके पास आया था। महात्मा बुद्धदेव ने सबसे पहले उपालि को अपना शिष्य किया फिर अन्य राजकुमारों की

दीक्षा दी। अनिरुद्ध दिव्यचक्षु प्राप्त हो गया था। भगवान बुद्धदेव के त्रयस्त्रिंश धाम जाने पर इसी ने उन्हें अपने दिव्यचक्षु से वहां देख आनंद को उनके पास भेजा था। वह अपने दिव्यचक्षु से सारे संसार को हस्तामलकवत देखता था।

अर्हत—वह आर्य जो ज्ञान प्राप्त हो अष्टांग मार्ग के अवलंवन से निर्वाण प्राप्त हो जाता है। ऐसे लोग निर्वाण प्राप्त हो जाते हैं, पर बुद्ध नहीं होते।

अशोक—मौर्यवंशी सम्राट चंद्रगुप्त का पौत्र। यह महाराज विंदुसार का पुत्र था। चंद्रगुप्त के शासित वृहत साम्राज्य का अधीश्वर हो उसने कलिंग पर चढ़ाई की। वहां युद्ध में मारकाट और हताहत देख उसका मन भर आया। वह बड़ा दयालु और बौद्ध धर्म का अनुयायी हो गया। राजसिंहासन पर बैठने के पूर्व वह उज्जैन तक्षशिला आदि का शासक रह चुका था। उसने भिन्न भिन्न देशों में बौद्ध धर्म के प्रचार के लिए उपदेशक भेजे थे और बौद्ध धर्म का प्रचार खुतन, वाल्हीक, वाख्तर से लेकर ब्रह्मा और लंका तक में कराया। बुद्धदेव के अस्थि और धातु को स्तूपों से निकलवा कर उसने भारतवर्ष के भिन्न भिन्न स्थानों में स्तूप बनवाकर वहां उन्हें स्थापित किया। उसके बनवाए स्तूप और स्तंभ भारतवर्ष के अनेक स्थानों में पाए जाते हैं। इसके शिलालेख और आदेश अब तक शहबाजपुर कालसी आदि में मिलते हैं।

असंख्येयकल्प—कल्प का एक विभाग। एक कल्प में चार असंख्येयक कल्प होते हैं। चीन देश के बौद्ध इसे सत्रह शून्य के अंक का और तिब्बत और लंका के बौद्ध इसे 97 शून्य के अंक का मानते हैं।

असित—एक ऋषि का नाम। चीनी यात्री ने इसे आए लिखा है। यह बड़ा ज्योतिर्विद था। यह हिमालय पर्वत के पास रहता था। गौतम बुद्ध का जन्म सुन यह उन्हें देखने के लिए शुद्धोदन के राजगृह पर आया था। बालक के शरीर पर महापुरुषों के 32 लक्षण और 80 व्यंजना देखकर उसने कहा था कि यह बालक या तो चक्रवर्ती सम्राट वा धर्मचक्र का प्रवर्तक बुद्ध होगा। इसके नाम का उल्लेख प्राचीन ज्योतिष के ग्रंथों में मिलता है।

आगम—महायान में चार आगम हैं—दीर्घागम, मध्यागम, संयुक्तागम और एकोत्तगम।

आनंद—बुद्धदेव का चचेरा भाई। यह बुद्धदेव के पास अनिरुद्ध और उपालि के साथ आया था और शिष्य हुआ था। यह बड़ा स्मृतिमान और बुद्धदेव का परम प्रिय शिष्य था। उनके परिनिर्वाण प्राप्त होने पर यही त्रिपिटक का संग्रहकार हुआ। इसका परिनिर्वाण गंगा के मध्य वैशाली की सीमा पर पाटलिपुत्र से एक योजन उत्तर हुआ था। इसने अपना शरीर योगाग्नि से भस्म कर डाला और इसके शरीर के भस्म को अजातशत्रु और लिछिवी लोगों ने लेकर आधा आधा बांटकर अपने अपने देशों में स्तूप बनवाकर उसमें रखा। आनंद भविष्य में बुद्ध होगा। आनंद ने ही स्त्रियों को

प्रव्रज्या देने के लिए बुद्धदेव से प्रार्थना की थी।

आम्रपाली–दे. अंबपाली

आर्य–दुख, समुदय, निरोध और मार्ग का अभ्यासी और ज्ञाता श्रावक। इसके चार भेद होते हैं–श्रोतापन्न, सकृद्रांमी, अनागामी और अर्हत।

उत्पला–एक भिक्षुणी का नाम। इसे उत्पलवर्णा भी कहते हैं। संकाश्य नगर में जब भगवान बुद्धदेव स्वर्ग से उतरे थे तो यह उनके दर्शन के लिए बड़ी चिंतित थी। भगवान बुद्धदेव ने अपने तपोबल के प्रभाव से उसे चक्रवर्ती राजा बना दिया था और उसने भगवान का सबसे पहले दर्शन किया था।

उपसेन–इसका नाम अश्वजित था। यह पंचवर्गीयों में एक था। बुद्धदेव ने इसे काशी में संरनाथ के मृगदाव में सबसे पहले धर्मचक्र का उपदेश दिया था। यह बड़ा निरपेक्ष्य और निरभिमान भिक्षु था। सारिपुत्र और मौद्‌गलायन इसे राजगृह में भिक्षा मांगते समय मिले थे और इसी के आदेश से भगवान बुद्धदेव के पास जाकर उन्होंने प्रव्रज्या ली थी।

उपालि–कपिलवस्तु का एक नापित। यह आनंद कुमार, अनिरुद्ध आदि के साथ भगवान बुद्धदेव के पास जब वे कपिलवस्तु से चले थे प्रव्रज्या लेने गया था। बुद्धदेव ने उसे सबसे पहले अपना शिष्य किया था। महात्मा बुद्धदेव के परिनिर्वाण प्राप्त होने पर यह विनय पिटक का प्रवक्ता आचार्य हुआ। बुद्धदेव ने राजकुमारों को उपालि को प्रणिपात करने की आज्ञा दी थी।

एलापत्र–एक नाग का नाम। पूर्व जन्म में यह एक योगी था। एला के वृक्ष के नीचे ध्यान करता था। समाधि छूटने पर जब उठा तो उसके शिर से टक्कर खाकर वृक्ष का पत्ता टूट गया। इस पाप से वह नाग योनि को प्राप्त हुआ था। इसने बुद्धदेव से (मृगदाव में) वाराणसी में यह पूछा था कि मैं इस नाग योनि से कब मुक्त होऊंगा।

ककुच्छंद–इस कल्प के चार बुद्धों में दूसरे बुद्ध। इनका जन्म स्थान क्षेमावती था। किसी किसी ग्रंथ में नाभिका भी लिखा है। इनके पिता का नाम आनिदत्त था और ये जाति के ब्राह्मण थे। इनका परिनिर्वाण भी नाभिका के पास ही हुआ था। नाभिका नेपाल की तराई में है।

कनकमुनि–इनका नाम कोनकमुनि भी है। ये चार मुख्य बुद्धों में से एक हैं। भद्रकल्प में इनका जन्म सोमावती में हुआ था। इनके पिता का नाम यज्ञदत्त था और ये जाति के ब्राह्मण थे। इनका परिनिर्वाण भी सोमावती के पास ही हुआ था। बुद्धवंश में इनका निर्वाण-स्थान पर्वताराम में लिखा है। पर्वताराम धौलागिरि और मुक्तिनाथ के बीच है। उसे अब सैनामैना कहते हैं।

कनिष्क–कुशनवंशी एक प्रसिद्ध राजा। यह पहली शताब्दी में तक्षशिला और पंजाब का

शासक था। यह बड़ा प्रतापी विद्याप्रेमी था। एक बौद्ध भिक्षुक के उपदेश से इसने बौद्ध धर्म ग्रहण किया और धर्म संघनी संगठित कर त्रिपिटक का संस्कृत संस्करण कराया जो अब महायान के नाम से प्रसिद्ध है। चरकादि इसी के काल में थे। इसने अनेक स्तूप बनवाए और संघाराम विहार आदि निर्माण कराए।

कश्यप—(1) इस कल्प के प्रधान चार बुद्धों में से प्रथम बुद्ध। इनका परिनिर्वाण स्तूप श्रावस्ती के पास टंडवा नामक ग्राम में है। फाहियान ने इसे उनका जन्म-स्थान भी लिखा है पर कितने लोग काशी को उनका जन्म-स्थान मानते हैं। कहते हैं कि परिनिर्वाण होने पर उनका शरीर न जला तो सब लोगों ने उनके अस्थिसंघ पर स्तूप निर्माण किया। (2) इस गोत्र नाम के तीन भाई जिनका नाम विल्व कश्यप, नदी कश्यप और गय कश्यप था। ये तीनों भाई बड़े विद्वान अग्निहोत्री थे। इनके क्रमशः 500, 300 और 200 शिष्य अंतेवासी थे। वाराणसी से धर्मचक्र प्रवर्तन कर बुद्धदेव की शिक्षा पर तीनों भाइयों ने प्रव्रज्या ग्रहण की। ये तीनों भाई अगामी बुद्ध होंगे। (3) दे. महाकश्यप।

कौंडिन्य—पंचवर्गी भिक्षुओं में से एक। इसे बुद्धदेव ने वाराणसी के मृगदाव में सबसे प्रथम धर्मोपदेश धर्मचक्र प्रवर्तन करते समय दिया था।

गौतम—बुद्धदेव शाक्यसिंह का एक नाम।

चक्रवर्ती—सारे राज्यों को विजय करनेवाला राजा।

चिंचा—इसे चंचमना भी कहते थे। मिथ्या तीर्थंकरों के कहने से बुद्धदेव पर इसने यह कलंक लगाया था कि उन्होंने उससे व्यभिचार किया था और उनसे उसे गर्भ था। वह अपने पेट पर वस्त्र लपेट कर गई थी। कहते हैं कि शक्र सफेद चूहा बनकर आया और जिन वस्त्रों को वह लपेटे थी उन्हें काटकर उसने गिरा दिया। असत्य दोष लगाने के पाप से वह पृथिवी में धंस गई।

छंदक—बुद्धदेव का सारथी। यह बुद्धदेव के महाभिनिष्क्रमण के समय कंठक को लेकर उनके साथ रात को गया था और मल्लों के राज्य के आगे अनामा नदी के किनारे से बुद्धदेव ने उसे कंठक को लेकर कपिलवस्तु वापस भेजा था।

जंबूद्वीप—भारतवर्ष का नाम। बौद्धों का कथन है कि इस द्वीप का आकार जंबू के पत्ते सा है और इसके दक्षिण में मेरु है।

जीवक—राजगृह के महाराज विंवसार का एक पुत्र जो अंबपाली वेश्या के गर्भ से उत्पन्न हुआ था। यह बड़ा वैद्य था और इसने तक्षशिला के विश्वविद्यालय में शिक्षा लाभ की थी। यह बुद्धदेव का बड़ा भक्त और अजातशत्रु के दरबार में बड़ा प्रतिष्ठालब्ध कर्मचारी था। इसने राजगृह में अपनी माता अंबपाली के उद्यान में एक विहार बनवा कर बुद्धदेव को अर्पण किया था। इसने एक चिकित्सालय भी स्थापित किया था

जहां वह भिक्षुओं की धर्मार्थ चिकित्सा करता था।

तथागत—बुद्ध का नाम।

तुषित—एक स्वर्ग का नाम। इसमें मैत्रेय बोधिसत्व रहते हैं।

त्रयस्त्रिंश—मेरु के चार प्रधान शृंगों के मध्य बसे हुए तैंतीस नगर। बौद्ध धर्मवालों का कथन है कि मेरु के चार शृंगों पर चातुर्महाराजक की पुरी और चारों शृंगों के बीच आठ आठ पुरी हैं और मध्य में हैं। इन नगरों के गृह और प्राचीरादि स्वर्णरचित हैं।

त्रिपिटक—बौद्ध धर्म का प्रधान धर्मग्रंथ। इसमें तीन पिटक हैं पहले एक एक भाग में परस्पर मिल जाने के भय से उन्हें एक एक पिटारी में अलग अलग रखते थे। इसीलिये इसे त्रिपिटक कहने लगे। तीनों त्रिपिटकों के नाम हैं—सूत्र पिटक, विनय पिटक और अभिधर्म वा धर्म पिटक। सूत्र पिटक में बुद्धभाषित शिक्षाओं और सूक्तियों का संग्रह है। विनय पिटक में भिक्षुओं के आचार व्यवहार विधि निषेध और प्रायश्चित आदि का वर्णन है। अभिधर्म पिटक में चित्त चेतसिक रूप और निर्वाण का वर्णन है। इस त्रिपिटक में पारायण के लिए तीन धर्मसंघों वा धर्मसंगीतों का संगठन कनिष्क के पूर्व और एक कनिष्क के समय में हुआ था। इन धर्मसंगीतों में श्रमणों द्वारा पाठादि परिवर्द्धन और निष्कासन कर उसका संस्कार किया गया था। मार्गभेद से वा क्रियाभेद से त्रिपिटक के तीन यान थे—महायान, हीनयान और मध्यम-यान। मध्यम-यान के अनुयायी अब नहीं मिलते और न मध्यम-यान के पिटक ही के कुछ अंश देखने में आते हैं, केवल महायान और हीनयान के त्रिपटक और अनुयायी मिलते हैं। हीनयान के अनुयायी चटगांव, ब्रह्मा, स्याम और लंका में हैं, तथा महायान के अनुयायी नेपाल, तिब्बत, चीन, जापान, तुर्किस्तान और साईबेरिया में पाए जाते हैं। हीनयान का त्रिपिटक पाली भाषा में और महायान का त्रिपिटक संस्कृत भाषा में है। सुयेनच्वांग की यात्रा में महायान के विषय में यह लिखा मिलता है—महाराज कनिष्क गांधार का अधिपति था जो बुद्धदेव के परिनिर्वाण से 400 वर्ष बाद उत्पन्न हुआ। उसने पाश्वित के कहने पर एक धर्मसंगीत आहूत किया। वहां बौद्ध धर्म के सिद्धांत को वह नया रूप मिला जो महायान कहलाता है। इस धर्मसंगीत को आहूत करने का यह कारण था कि उसमें विपर्य्यय हो जाने से संस्कार की आवश्यकता थी। 500 विद्वान इस धर्मसंगीत में इकट्ठे हुए थे। महाविद्वान वसूमित्र इसमें नायक था। इस धर्मसंगीत में सूत्र पिटक पर उपदेश-शास्त्र लिखा गया तथा विनय और अभिधर्म पिटकों पर भाष्य हुए। राजा की आज्ञा से तीनों ताम्रपत्र पर खोदे गए। इससे यह स्पष्ट है कि अंतिम यान महायान है। सूत्र पिटक में बुद्धदेव के उपदेशों का संग्रह है। उसके पांच निकाय वा भाग हैं—(1) दीर्घ निकाय (2) मध्यम निकाय

(3) संयुक्त निकाय (4) अंगुत्तर निकाय (5) क्षुद्रक निकाय। विनय पिटक में भिक्षुसंघ के नियमों का वर्णन है। इसके तीन भेद हैं– (1) सूत्र विभंग (पराजिका और प्रायश्चित विधान), (2) स्कंधक (महावर्ग और क्षूद्रवर्ग) और (3) परिवार पाठ।

अभिधर्म पिटक में 7 भाग हैं—(1) धर्मसंग, (2) विभंग, (3) कथा और रूप कथन, (4) पुद्‌गलपन्नति, (5) धातु कथा, (6) यमक, और (7) प्रस्थान प्रकरण।

दर्शन भेद से चार भेद हैं—सौत्रांतिक, माध्यमिक, योगाचार और वैभासिक। महायान के अनुयायी बोधिसत्वों की उपासना करते और महायान के सूत्रों का पाठ करते हैं। हीनयानानुयायी केवल बुद्धदेव की पूजा करते हैं।

त्रिरत्न—बुद्ध, धर्म और संघ।

दीपंकर—एक बुद्ध का नाम। यह बुद्धदेव के पूर्व चौबीसवें बुद्ध थे। बुद्धदेव उनके समय में बोधिसत्व थे। जब वे नागर जनपद में थे तो दीपंकर बुद्ध को तीन डालियां फूल लेकर उन्होंने चढ़ाया था। दीपंकर बुद्ध ने उनके लिए यह आशीर्वाद रूप से भविष्यवाणी की थी कि तुम आगे बुद्ध होगे।

देवदत्त—एक शाक्यकुमार—यह आनंद आदि के साथ बुद्ध देव के पास जाकर उनका शिष्य हुआ था। प्रव्रज्या ग्रहण कर वह भिक्षुसंघ पर अपना आतंक जमाना चाहता था और उसने बुद्धदेव से संघ के भिक्षुओं के लिए अनेक कठिन नियम निर्धारण करने के लिए अनुरोध किया, पर बुद्धदेव ने उस पर न तो स्वीकृति दी और न उसे संघ का अधिनायक वा उपनायक ही माना। निदान वह कुछ भिक्षुओं को लेकर अपनी एक पृथक जत्था बांध बुद्धदेव के समय ही में अलग हो गया। उन लोगों के नियम बौद्ध भिक्षुओं से कुछ अधिक कठोर थे। देवदत्त ने अजातशत्रु को अपने पंजे में कर लिया था और यह भी संभव जान पड़ता है कि उसने ही अजातशत्रु को उभाड़ कर उससे उसके पिता विंवसार को बंदीगृह में बंद करा दिया हो। देवदत्त को भय था कि विंवसार बुद्धदेव का भक्त था और बिना उसके अधिकारच्युत किए उसे बुद्धदेव को कष्ट पहुंचाने का अवसर प्राप्त न होगा। अजातशुत्रु को उभाड़ कर उसने अनेक बार बुद्धदेव के प्राण लेने की चेष्टा की थी। उसने नालागिरि हाथी को उनके मारने के लिए छुड़वाया और धनुर्धरों को उनके तीर से मारने के लिए भिजवाया पर बुद्धदेव का बाल बांका न हुआ। गृध्रकूट पर विचरते समय एक बार उसने उन पर पत्थर भी फेंका था जिससे उनके पैर का अंगूठा कुचल गया था। वह शतपर्णी गुफा के पास रहता था और अंत समय में श्रावस्ती में बुद्धदेव के पास गया था। पाली ग्रंथों का मत है कि वह क्षमा प्रार्थना करने जाता था और श्रावस्ती में एक तालाब में नहाने के लिए उतरा और वहीं धरती में समा गया, पर फाहियान ने लिखा है कि वह अपने नख में विष पोत बुद्धदेव के प्राण लेने के लिए गया था और धरती में

समा गया। उसके अनुयायी फाहियान के काल तक थे। वे अन्य सभी बुद्धों को मानते थे पर शाक्यसिंह को नहीं मानते थे।

धर्मवविर्द्धन—अशोक के एक पुत्र का नाम जो फाहियान के कथनानुसार गांधार का शासक था।

धातु—बुद्धदेव, बुद्ध वा किसी अर्हत के शरीर का भस्म वा अस्थि।

नंद—बुद्धदेव का सौतेला भाई। इसे बुद्धदेव ने कपिलवस्तु में आकर अपना शिष्य किया था। जब यह छोटा था तो बुद्धदेव के साथ खेलता था। लिछिवी के राजा ने शाक्यों की राजधानी में एक सुंदर हाथी उपहार स्वरूप भेजा था। देवदत्त ने उसे घूंसा मार के मार डाला। हाथी राह में पड़ा था। नंद ने उसे खींचकर सड़क से अलग कर दिया था। गौतमबुद्ध ने हाथी की पूंछ पकड़कर सात परिखा पार नगर के बाहर उसे फेंक दिया था। कहते हैं कि उस समय नंद और गौतमबुद्ध की अवस्था दस वर्ष की थी।

निकाय—बौद्ध धर्म के अंतर्गत कर्मकांड के विचार से शाखा वा संप्रदाय भेद। सामान्यतया चार निकाय हैं पर आवांतर निकायों के विचार से अट्ठारह निकाय हैं—

1.	आर्य संघिक निकाय	7 निकाय
2.	आर्य स्थविर निकाय	3 निकाय
3.	आर्य सम्मति निकाय	4 निकाय
4.	सर्वास्तिवाद निकाय	4 निकाय
		18 निकाय

निर्ग्रंथ—इसे नाथपुत्र भी कहते हैं। यह एक कृषक का पुत्र था। जैनी लोग पार्श्वनाथ के अनुयायी को नाथपुत्र कहते हैं। यह प्रधान तीर्थियों में था। फाहियान का कथन है कि इसने बुद्धदेव को विषाक्त भात खिलाने के लिए आमंत्रित किया था।

पंचशिखा—एक देव गंधर्व का नाम। इसे शक्र अपने साथ लेकर बुद्धदेव के पास 42 प्रश्न पूछने राजगृह में आया था और उसने बयालीस प्रश्न पृथ्वी पर एक एक रेखा खींच कर किए थे।

पिसुन—मार का एक नाम। दे. मार।

प्रत्येक बुद्ध—वह बुद्ध जो स्वयं बोधिज्ञान प्राप्त कर परिनिर्वाण प्राप्त हो और अन्यों को मार्ग का उपदेश न करे।

प्रसेनजित्—कौशल के श्रावस्ती नगर के एक राजा का नाम। यह बुद्धदेव के समकालीन था। इसकी बुद्धदेव पर बड़ी श्रद्धा और भक्ति थी। बुद्धदेव ने इसके अनुरोध से श्रावस्ती में अधिक काल तक धर्मोपदेश किया था।

बुद्ध—बोधिज्ञान प्राप्त करनेवाला बोधिसत्व। बुद्ध दो प्रकार के होते हैं— (1) बुद्ध और

(2) प्रत्येक बुद्ध। बुद्ध वह है जो बोधिज्ञान प्राप्त कर समस्त संसार को धर्म का उपदेश करे। 24 बुद्ध हो चुके हैं। वर्तमान समय में भद्रकल्प नामक कल्प है। इस कल्प के पहले बुद्ध कश्यप, दूसरे ककुच्छंद, तीसरे कनकमुनि और चौथे शाक्यमुनि वा गौतमबुद्ध हैं। आगामी बुद्ध मैत्रेय होंगे।

बुद्धदेव—गौतमबुद्ध वा शाक्यमुनि का नाम।

बोधिसत्व—वह सकृद्गामी जीव जो बुद्धत्व लाभ करे। बोधिसत्व ही उन्नति करते करते बुद्ध हो जाते हैं।

महाकश्यप—बुद्धदेव के एक प्रधान शिष्य का नाम। यह राजगृह के पास महातीर्थ नामक गांव का रहनेवाला था। इसके पिता का नाम कपिल था। इसका पूर्व नाम पिप्पल था। यह परम विद्वान था। इसे भगवान बुद्धदेव ने अपने तीसरे चातुर्मास्य में राजगृह में प्रव्रज्या ग्रहण कराई थी। शतपर्णी गुफा में बुद्धदेव के परिनिर्वाण पर 500 भिक्षुओं के साथ अधिनायक का आसन ग्रहण कर इसने सूत्र, विनय और अभिधर्म नामक त्रिपिटक का प्रवचन किया था। उस समय सबने इसे महास्थविर की उपाधि दी थी।

महाप्रजावती—बुद्धदेव की विमाता। इसे प्रजावती और प्रजापती भी कहते हैं। यह महामाया की बहिन थी। इसी ने बुद्धदेव का पालन पोषण किया था। महाराज शुद्धौदन के देहांत हो जाने पर वह प्रव्रज्या ग्रहण करने के लिए उनके पास गई। बुद्धदेव ने स्त्रियों को प्रव्रज्या देने से इनकार किया पर जब आनंद ने अनुरोध किया तो उन्होंने उसे प्रव्रज्या ग्रहण कराई थी। इसके एक ही पुत्र नंद नामक था जिसे भगवान बुद्धदेव कपिलवस्तु में जाकर शुद्धौदन के जीवन काल ही में प्रव्रज्या देकर साथ ले आए थे।

महामौद्गलायन—यह राजगृह के पास कोलित ग्राम का रहनेवाला सुजात नामक ब्राह्मण का पुत्र था। यह सारिपुत्र के साथ राजगृह में भगवान बुद्धदेव का शिष्य हुआ था। पहले यह संजय परिव्राजक का अंतेवासी था। यह शतपर्णी के प्रथम धर्मसंघ में महाकश्यप के त्रिपिटक के संग्रह में सम्मिलित था। जब भगवान त्रयस्त्रिंश स्वर्ग में अपनी माता को अभिधर्म का उपदेश देने गए थे तो अनिरुद्ध ने इसी को उनके पास यह पूछने के लिए भेजा था कि अब और कहां उतरेंगे।

महिशासक—सर्वस्तिवाद निकाय के चार निकायों में से एक निकाय।

मुचलिंद—एक नाग का नाम। यह गया के पास एक ह्रद में रहता था। ह्रद के पास ही मुचलिंद का एक पेड़ भी था। बुद्धदेव बोधिज्ञान प्राप्त कर जब उस ह्रद के पास गए तो सात दिन तक मूसलाधार वर्षा हुई थी। उस समय इस नाग ने बुद्धदेव को अपने फन से सात दिन तक वर्षा से बचाकर रखा था।

मैत्रेय—ये एक बोधिसत्व हैं जो आगे बुद्ध होंगे। ये इस समय तुषित स्वर्ग में हैं।

मौद्गलायन—दे. महामौद्गलायन।

योजन—यों तो पुराणों के अनुसार चार कोस वा 8 मील का योजन होता है पर फाहियान का योजन 6 ½ मील का और सुयेनच्वांग का योजन 4 ½ मील से कुछ अधिक का पड़ता है।

राहुल—गौतमबुद्ध के पुत्र का नाम। इसे बुद्धदेव ने कपिलवस्तु पहुंचकर सारिपुत्र से प्रव्रज्या दिलवाई थी। यह वैभाषिक नामक दर्शन का आचार्य था। यह सामनेरों का अग्रगण्य और पूज्य गाना जाता है।

ली—चीन देश का माना। यह $^1/_6$ मील का होता है।

वज्रपानि—मल्लराज-कुश नगर के राजा का नाम।

विंवसार—मगध के एक राजा का नाम। यह बुद्ध का समकालीन था। इसकी राजधानी राजगृह वा गिरिव्रज थी। बुद्धदेव को इससे बड़ा प्रेम था। इसके कारण बुद्धदेव राजगृह में प्रायः जाते और रहते थे। अजातशत्रु इसका पुत्र था। वह वृद्धावस्था में उत्पन्न हुआ था। राजा विंवसार ने एक और नगर राजगृह नामक गिरिव्रज से अलग बसाया था। जब अजातशत्रु बड़ा हुआ तो वह अपने पिता को बंदी करके स्वयं राज्य पर बैठा। राजा विंवसार बंदीगृह में पड़ा पड़ा बड़ी यातनाएं भोगकर गिरिव्रज में मरा। फाहियान ने गिरिव्रज को प्राचीन राजगृह लिखा है और विंवसार को उसका बसानेवाला लिखा है, पर यह भ्रमपूर्ण जान पड़ता है। गिरिव्रज, महाराज जरासंध के समय में, जो विंवसार के बहुत पहले महाभारत के समय में था, मगध की राजधानी रहा है। विंवसार उसी जरासंध का वंशधर और उसके अनेक पीढ़ी पीछे हुआ था। हां विंवसार ने नवीन राजगृह अवश्य बसाना प्रारंभ किया था पर उसके समय में गिरिव्रज ही मगध की राजधानी रहा। अजातशत्रु ने पिता को बंदी कर नवीन राजगृह में आकर अपनी राजधानी बनाई थी।

विनय—(1) आचार, सदाचार। (2) त्रिपिटक के तीन पिटकों में दूसरा पिटक जिसमें भिक्षुओं के आचार व्यवहार विधि निषेध का वर्णन है। दे. त्रिपिटक।

विमोक्ष स्तूप—वह स्तूप जिसमें द्वार हो और उसमें यथासमय धातु रखी वा उससे बाहर निकाली जा सके।

विरूढ़क वा विरुद्धक—श्रावस्ती के राजा प्रसेनजित का पुत्र था। यह शाक्यों की एक दासी से उत्पन्न हुआ था। इसने शाक्यों पर आक्रमण किया था, पर बुद्धदेव उसे मार्ग में मिल गए थे और उन्होंने इसे लौटा दिया था। पीछे कुछ दिन बीतने पर फिर उसने कपिलवस्तु पर आक्रमण किया और कपिलवस्तु के शाक्यों का नाश कर डाला। कितने लोग कहते हैं कि 500 शाक्य स्त्रियां थीं जिन्हें विरूढ़क अपने

अंतःपुर में ले जाना चाहता था पर उन लोगों ने निषेध किया। इस पर विरूढ़क ने उन्हें मार डाला। सब की सब श्रोतापन्न हो गई थीं।

विशाखा—इसे माता विशाखा भी कहते हैं। यह प्रसेनजित के कोषाध्यक्ष पुण्यवर्द्धन की स्त्री थी। इसने बुद्धदेव के लिए एक विहार बनवाया था जिसका नाम पूर्वाराम था। यह बड़ी दानशीला थी।

विहार—भिक्षुसंघ के रहने का स्थान। बौद्ध भिक्षुओं का मठ।

शक्र—इंद्र वा देवराज। यह त्रयस्त्रिंश का राजा है। दे. त्रयस्त्रिंश। यह चातुर्महाराज के अंतर्गत भी है।

शाक्यमुनि—गौतमबुद्ध।

श्रमण—बौद्ध भिक्षु जिसने प्रव्रज्या ग्रहण की हो।

श्रोतापन्न—वह उपासक, श्रावक वा भिक्षु जो निर्वाण की ओर अभिमुखीभूत है। चार प्रकार के श्रावकों में प्रथम श्रेणी का श्रावक।

संघाली वा संघाती—श्रमणों के तेरह व्यवहार्य्य द्रव्यों में पहला। वे तेरह द्रव्य ये हैं— 1. संघाती 2. उत्तरा 3. अंतर्वास 4. निशादन 5. निवासन 6. प्रतिनिवासन 7. संध्यशिक्षा 8. प्रतिसंध्यशिक्षा 9. कायप्रक्षालन 10. मुखप्रक्षालन 11. केशप्रतिग्रह 12. कंडुप्रतिखंडन 13. भेषज्य-परीक्षा-चीर। संघाती वह वस्त्र है जिसे भिक्षु लोग ऊपर से ओढ़ते हैं। पहले तीन द्रव्य त्रिचीवर कहलाते हैं।

सकृग्दामी—वह श्रावक जो शीघ्र अनागामी वा अर्हत होनेवाला हो। वह श्रावकों में दूसरी श्रेणी है।

सप्तरत्न—सोना, चांदी, मरकत, हीरा, मणि, पद्मराग और स्फटिक।

सर्वास्तिवाद—बौद्ध धर्म के चार प्रधान निकायों में से एक निकाय। इसके चार आवांतर निकाय थे। थेरवाद, वज्जिपुस्तक, महिसासक और धर्मगुप्तिक।

साबी—अर्बी सावन। इसे अंग्रेजी में Sabian कहते हैं। अरब देशवासी।

सामनेर—बौद्ध ब्रह्मचारी जिसने प्रव्रज्या ग्रहण न की हो।

सूत्र—त्रिपिटक में पहला पिटक। इसमें सूत्रों का संग्रह है। दे. त्रिपिटक।

सारिपुत्र—बुद्धदेव के एक शिष्य का नाम। यह उपतिष्य ग्राम निवासी वंकत नामक ब्राह्मण का पुत्र था। बुद्धदेव का यह परम प्रिय शिष्य था। उनके जीवन काल ही में यह परिनिर्वाण प्राप्त हुआ।

सुदत्त—इसे अनाथपिंडक भी कहते थे। यह श्रावस्ती का एक धनाढ्य सेठ था। इसने श्रावस्ती में जेतवन विहार बनवाया था। जेतवन को उसने सारी पृथिवी पर मोहर बिछाकर लिया था। भगवान बुद्धदेव उस विहार में रहते थे। यह बड़ा दानशील था।

सुदान—गौतमबुद्ध किसी जन्म में सुदान वा सुदत्त नामक वैश्य हुए थे।

सुभद्र—एक त्रिदंडी यती का नाम। यह बुद्धदेव के निर्वाण काल में कुश नगर में गया और उनका अंतिम शिष्य हुआ था। यह अर्हत हो गया था। इसकी अवस्था 120 वर्ष की थी।

सुरंगमसूत्र—इसे सुरंगम-समाधि-सूत्र भी कहते हैं। यह महायान के सूत्रपिटक में सूत्र के अंतर्गत है।

स्तूप—एक घंटाकार वास्तु। यह दो प्रकार का होता है। एक वह जिसमें अवकाश होता है और भीतर जाने का मार्ग होता है। इसे विमोक्ष स्तूप कहते हैं। दूसरा वह जिसमें भीतर जाने का मार्ग नहीं होता। दोनों के भीतर धातुगर्भ होता है। द्वितीय प्रकार का स्तूप बुद्धदेव वा अर्हतों के परिनिर्वाण स्थान वा चरित्र संबंधी घटनास्थलों पर बनता है। परिनिर्वाण स्थान के स्तूप में प्रायः धातु होता है और शेष स्थानों में धातु नहीं होता। धातु भीतर गर्भ में रखकर ऊपर से स्तूप बनता है। इन्हें चैत्य भी कहते हैं।

सालासर इमेजिंग सिस्टमस, नोएडा द्वारा मुद्रित